SEO
2021

Todos los consejos prácticos y secretos de posicionamiento
en buscadores (SEO) que google no quiere que sepas

Ricardo Carreras Lario

SEO 2021
© Iberanálisis SL, 2020.
© Reservados todos los derechos de la presente edición a favor de Editorial Iberanálisis.

Segunda edición: diciembre de 2020
ISBN: 9798584864569

Editorial Iberanálisis SL
Paseo de la Castellana 143, Planta 10
Madrid 28046
http://www.t-position.com/

Maquetación y diseño: Lucía Lasprilla
Impreso en España - Printed in Spain

A los colaboradores de la consultora en marketing y comunicación digital, Top Position, profesionales del posicionamiento en buscadores, devotos seguidores de Google, consagrados a las buenas prácticas del SEO blanco.

A los alumnos y antiguos alumnos del Máster Universitario (oficial) en Marketing Digital, Comunicación y Redes Sociales, de la Universidad Camilo José Cela, e ID Digital School. Son maestros de los nuevos oficios y artes digitales.

Acerca del Autor

RICARDO CARRERAS LARIO es Doctor por la Universidad Complutense de Madrid, su tesis doctoral (cum laude por unanimidad) analizó cómo funciona Google. En 2008 fundó la Consultora en Marketing Digital Top Position, especializada en posicionamiento en buscadores

y reputación digital, que preside desde entonces. En 2012 escribió su primer libro sobre Google, titulado "Toreando a Google". Desde 2014 es Director del Máster Universitario en Marketing Digital, Comunicación y Redes Sociales (UCJC), el único máster oficial presencial o semipresencial que puede estudiarse en Madrid en esta disciplina. Carreras es Consejero en Carreras Grupo Logístico, empresa líder en España en servicios de logística integral –transporte, almacenaje, distribución, paletería y co-packing- y participa en otras empresas.

Ha estudiado y vivido en 6 países, además de España, y habla correctamente inglés, francés y alemán.

Su cuenta de Twitter es Riccarreras
https://twitter.com/riccarreras
y la de linkedin es
https://www.linkedin.com/in/ricardo-carreras lario-781522/

Contenido

Introducción

"SEO 2021" es la segunda edición de mi segundo libro sobre el buscador, "Triunfando en Google 2020".

Mi primer libro "Toreando a Google" explicaba cuáles son los factores de posicionamiento más relevantes para lograr que una página web consiga las primeras posiciones en los resultados de Google.

Este segundo tiene un enfoque más práctico que el primero, y explica qué debes hacer, lector, para triunfar en Google, mediante consejos claros y concisos.

Si en el primero analicé cuáles son los criterios o factores que causan que una página web –entre los miles o millones de candidatas- aparezca en las primeras posiciones del listado de la primera página de resultados de búsqueda de Google –llamados SERP –search engine result pages-, en este me centro más en cuestiones y consejos prácticos, que te ayuden lector a lograr resultados en Google.

Internet y la comunicación digital

No hace falta escribir mucho sobre la importancia de Internet y los buscadores en concreto. Son parte de nuestras vidas. Ya no podríamos vivir sin ellos.

Solamente apuntar que esta importancia sigue creciendo, no ha llegado todavía a su punto de equilibrio. Son, por tanto, cada día más relevantes.

Algunos datos curiosos:
- Google tiene más del 90% de la cuota de mercado mundial, en algunos países como España, supera el 95%.
- Recibe más de 60.000 búsquedas por segundo.
- Tiene una capitalización de 826.000 millones a finales de 2020.

- De media, un internauta realiza cuatro búsquedas al día.
- Globalmente, la inversión en publicidad digital está ya por encima del 40%. Se prevé que superará el 50% en 2021. De esa tarta, Google se lleva más de la mitad.

¿Qué es un buscador?

La experta Jerri Ledford explica en su obra SEO: Search Engine *Optimization Bible* (2008) que un motor de búsqueda es "un programa que utiliza aplicaciones que recogen información de páginas Web y luego indexa y almacena esa información en una base de datos".

Los expertos Susan Esparza y Bruce Clay, por su parte, precisan en su obra *Optimización de buscadores* (2009) lo siguiente: "Un buscador es una aplicación diseñada para buscar palabras-clave específicas y después agrupar los resultados por su relevancia. [...] Buscadores como Google, Yahoo y Microsoft Live se crearon para prescindir de intermediarios y llevar directamente a tus usuarios hasta ti sin trabas ni dificultades".

Los buscadores son, por tanto, programas que permiten a los internautas hallar de manera rápida información relevante sobre unas palabras-clave específicas.

Capítulo 1
Breve historia de los buscadores

Los motores de búsqueda están asociados a Internet desde los mismos comienzos de la Red de Redes.

Según un estudio[1] de la Universidad de Leiden (Holanda) y otros autores, el primer buscador digno de tal nombre fue llamado Archie[2] , diminutivo de Archives –archivos en inglés. Fue creado por Alan Emtage, estudiante de ciencias informáticas de la Universidad McGill (Montreal, Canadá) en 1990. Este primer buscador indexaba nombres de archivos, creando una base de datos abierta que daba como resultado de la búsqueda los archivos que coincidían con la palabra buscada.

En 1991 nació Gopher[3], creado por Mark McCahill en la Universidad de Minnesota, protocolo que permitió la aparición de dos nuevos programas de búsquedas: Veronica y Jughead. Como Archie, estos primeros motores buscaban nombres de archivos alojados en los sistemas de índices de Gopher. Como curiosidad, podemos destacar que aunque Archie no estaba relacionado con la serie homónima de comics, estos dos nuevos motores tomaron nombres de personajes de la serie, para vincularse así con Archie.

El 2 de septiembre de 1993 llegó lo que puede considerarse propiamente como el primer motor de búsquedas: W3Catalog[4] . Unos meses antes, en junio del mismo año, había visto la luz la primera araña o robot rastreador –web crawler- en inglés- que recorría toda la Web entonces existente procesando las

---

[1] http://www.leidenuniv.nl/letteren/internethistory/index.php3-m=6&c=7.htm#se
[2] http://en.wikipedia.org/wiki/Archie_search_engine
[3] http://en.wikipedia.org/wiki/Gopher_%28protocol%29
[4] http://en.wikipedia.org/wiki/W3Catalog

distintas páginas web. El Robot, bautizado como el "Errante de la Red Global" –World Wide Web Wanderer- terminó su trabajo en 1995. Tardó dos años en rastrear toda la Red. El índice que produjo se denominó Wandex. Su autor fue Matthew Gray, del MIT –Massachussets Institute of Technology.

El segundo motor de búsqueda, Aliweb, se lanzó en noviembre de 1993. Y un mes más tarde, surgió JumpStation. Este buscador, aparecido en diciembre de 1993, tiene ya las características básicas de los actuales buscadores. En efecto, a pesar de que, dada su limitada capacidad, JumpStation procesaba sólo los títulos de las páginas web y sus principales encabezados para construir su índice; lo hacía sirviéndose de un robot para capturar la información, ofrecía resultados en base a palabras clave y presentaba esos resultados en listas de direcciones Web que coincidían con la palabra buscada. En otras palabras, ya se parecía considerablemente al Google actual.

Comenzó a indexar el 12 de diciembre de 1993. Estaba alojado en la Universidad de Stirling (Escocia, Reino Unido). Su autor, Jonathon Fletcher, se había graduado recientemente de esa misma universidad. Fue el responsable de su lanzamiento y posterior gestión, pero el proyecto fracasó por falta de recursos, ya que él dejó la Universidad de Stirling a finales de 1994 sin haber logrado financiación ni siquiera de la misma universidad. Para entonces el motor tenía más de 270.000 páginas web indexadas.

Adam Wishart y Regula Bochsler cuentan en su libro - Leaving *Reality Behind: etoys v eToys.com*, and *other battles to control cyberspace*, Ecco, 2003- estos y otros detalles de la historia de JumpStation y los avatares de su fundador.

Seguimos avanzando y nos encontramos unos meses después, el 20 de abril de 1994, con Webcrawler –Rastreador de la red en inglés-, el primer motor de búsqueda de texto completo, es decir, que rastreaba e indexaba todas las palabras de una página web y no sólo las principales. La página de Webcrawler existe todavía. Es http://www.webcrawler.com/. Ya no ofrece el buscador original, sino una mezcla de resultados de los principales motores de búsqueda actuales –Google, Yahoo, Bing.

Lycos (http://www.lycos.com/) fue otro buscador nacido en 1994, con un gran impulso comercial. La empresa fue creciendo hasta que la compró Terra[5], la filial de Telefónica en medio de la burbuja de Internet de 2000, por la no despreciable cantidad de 2 billones de las antiguas pesetas o 12.500 millones de dólares. Cuatro años después, en 2004, fue vendida - por una fracción de esa cantidad.

Volvamos a los buscadores. Poco tiempo después de la aparición de Webcrawer y Lycos, proliferaron nuevos buscadores como Magullan, Infoseek, Excite, Inktomi, Northern Light, AltaVista y Yahoo. Por aquel entonces su uso ya comenzaba a generalizarse en Estados Unidos.

En 1996, la empresa del famoso navegador Netscape quiso llegar a un acuerdo exclusivo con un solo buscador que apareciera por defecto en su programa. Al final, cinco de ellos, Yahoo!, Magellan, Lycos, Infoseek, y Excite, llegaron a un curioso acuerdo y pagaron cinco millones de dólares anuales por cabeza por rotarse en la página de buscadores del navegador. Esto da una idea de la importancia que comienzan a tener los buscadores ya en esa temprana fecha. No es extraño que varias de las empresas que lanzaron buscadores por aquel entonces se "pillaran los dedos" en la locura de la burbuja de Internet, especialmente entre 1999 y 2001.

Para entonces, comenzaba a descollar un buscador nacido en 1998: Google. Sus resultados de búsquedas eran mejores que los demás, y a través del boca a boca iba ganando terreno.

---

[5] http://www.elmundo.es/navegante/2000/05/17/terra_lycos.html

La empresa Microsoft, por su parte, lanzó su buscador - MSN Search- en 1998, usando como base el motor de Inktomi. Seis años después, Microsoft comenzó la transición a su propio buscador, que usa su propio robot –msnbot-, relanzado con fuerza en 2009 con el nombre de Bing.

A pesar de la feroz competencia, la tasa de mercado global de Google en 2020 en ordenadores de mesa es de un 75,74%, según la prestigiosa medición de Netmarketshare[6] . El dato para móviles o tabletas es todavía más elevado.

Tasa de mercado global en 2019 en ordenadores de mesa
75.74%

Facturó más de **136,000** millones de dólares en 2018

La marca de Google vale hoy más de **160.000 millones de dólares** según la revista Forbes

[6] https://netmarketshare.com/

Capítulo 2
Breve historia de Google

El buscador así llamado y la empresa que lo lanzó representan uno de los casos de éxito más llamativos de nuestra época.

Google fue en sus inicios un proyecto de investigación de Larry Page y Sergio Brin, dos doctorandos de la Universidad de Stanford (EEUU). A Page se le ocurrió investigar las características matemáticas de la red mundial –www o world-wide web. Para ello, quería analizar y comprender la estructura de los enlaces entre las distintas páginas web.

Su tutor, Ferry Winograd le había animado a escoger ese tema. Page se lanzó a investigar qué páginas web enlazan a otra página, pensando que el número y la naturaleza de esos enlaces eran una información muy valiosa –respecto a la página enlazada. Estaba pensando en el papel de las citas académicas, de gran importancia en el mundo universitario y muy particularmente en Estados Unidos. Page llamó a ese proyecto inicial "BackRub". Su amigo Sergei Brin, un doctorando judío secular –como Page- de origen ruso, se unió enseguida al proyecto. El rastreador de Page comenzó a recorrer Internet en marzo de 1996. Tenía como base la página de la universidad de Stanford del propio Page. Para cristalizar los datos que recogía el rastreador, acerca de los enlaces dirigidos a cada página, ambos desarrollaron el algoritmo de PageRank.

Al analizar los resultados de BackRub –que consistían en una lista de enlaces hacia una página concreta, clasificados por importancia- pensaron que un buscador que tuviera en cuenta estos criterios produciría mejores resultados de búsqueda que los buscadores existentes en ese momento – que sólo analizaban factores internos de una página web, como por ejemplo el número de veces que una palabra clave se repetía. Así nació el primer embrión del nuevo buscador, llamado Rankdex. El buscador inicial usaba el sitio web de Stanford, con el dominio *google.stanford.edu.*

Registraron el dominio Google el 15 de septiembre de 1997. La firma Google, Inc. nació el 4 de septiembre de 1998 en el garaje de un amigo en Menlo Park, California.

Andy Bechtolsheim −Andreas von Bechtolsheim-, emprendedor germano-estadounidense que había co-fundado la empresa Sun Microsystems unos años atrás, en 1982, aportó la "semilla" inicial de capital de Google. Su cheque de 100.000 dólares, entregado en agosto de 1998, sería la mejor inversión de su vida.

Posteriormente, en junio de 1999 invirtieron en la compañía dos firmas de capital-riesgo: Sequioa Capital y Kleiner Perkins Caufield & Byers, quienes hicieron una aportación de capital de 25 millones de dólares.

En un primer momento, los dos fundadores Brin y Page se oponían a colocar publicidad en su buscador. Pronto cambiarían radicalmente de parecer. Años después, ante la presión de los inversores por obtener beneficios, Google copió el sistema inventado por Overture −firma posteriormente comprada por Yahoo- de publicidad contextual, basada en las palabras clave buscadas, vigente en la actualidad con el nombre de Adwords. Yahoo les demandó por ello y Google tuvo que desembolsar una cantidad considerable −aunque no revelada- de dinero para que Yahoo abandonara el procedimiento judicial.

El nombre de "Google" es una alteración de la palabra "googol", que en inglés significa el número representado por 1 elevado a 100. Enid Blyton ya había usado la palabra décadas atrás, en el capítulo noveno de su obra *The Magic Faraway Tree*, titulado Google Bun.

Así era la página principal de Google en septiembre de 1998

A finales de 1998, Google ya había indexado 60 millones de páginas.

La compañía se estableció en marzo de 1999 en Palo Alto, en el Valle del Silicio –Silicon Valley. Después de mudarse dos veces más por su rápido crecimiento, Google alquiló unas oficinas en su actual sede de Mountain View - 1600 Amphitheatre Parkway. Allí siguen –compraron el edificio a sus arrendadores en 2006 por 319 millones de dólares. Sus oficinas reciben el nombre de Googleplex –de Google Complex.

El lema de Google ha sido desde sus comienzos "do not be evil" que significa "no seas malo", como contraposición a Microsoft, gigante que tenía reputación de carecer de escrúpulos. Sin embargo, ya hemos visto que también desde sus comienzos la firma empezó a desviarse de una conducta intachable en algunos asuntos que afectaban su rentabilidad.

Google salió por primera vez a bolsa el 19 de agosto de 2004. La operación fue un gran éxito y los casi veinte millones de acciones subieron un veinte por ciento el mismo día. El precio de salida fue de 85 dólares por acción. A las pocas horas valían más de cien dólares. Hoy valen viente veces más. La firma forma parte del índice NASDAQ de valores tecnológicos, y del índice S&P, con el símbolo de GOOG.

El éxito de Google en el mercado de los buscadores, como ya hemos indicado, ha sido espectacular. Su sencilla interfaz (que se parece a la de Altavista en su inicio), junto a la calidad de sus resultados de búsqueda explican tasas de mercado de entre un 66% a un 95% en todos los países de cultura occidental. Esa calidad se basa en su refinado algoritmo, que supera a todos los demás hasta la fecha. Podemos hablar de que Google lanzó en su momento la segunda versión de los buscadores, como dice el experto Javier Casares en su guía SEO. Esta segunda versión, ahora imitada por los principales competidores de Google, consiste en tener en cuenta los factores externos, el entorno de una página web – especialmente el número y calidad de los enlaces hacia ella- y no sólo los factores internos como hacían otros hasta ese momento.

Una vez dominado el sector de las búsquedas, la exitosa compañía se ha expandido a una gran cantidad de sectores económicos que van más allá del negocio inicial. Ha lanzado su propio servicio de correo electrónico –gmail- teléfonos móviles, su propio navegador para competir con Window –Chrome- y ha adquirido importantes compañías como YouTube, comprada por 1.650 millones de dólares el 9 de octubre de 2006 o DoubleClick, empresa de publicidad en Internet adquirida en abril de 2007 por 3.100 millones de dólares.

Hoy en día el verbo Google está incorporado al inglés. Desde 2006 está incluido en el Diccionario de Inglés de Oxford, el equivalente del diccionario de la Real Academia Española de la Lengua.

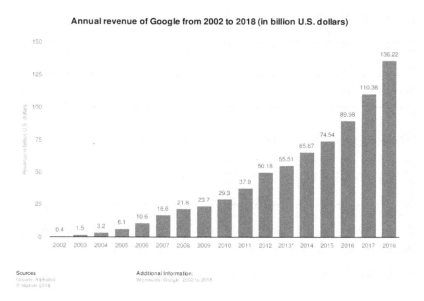

Facturación anual de Google desde 2002 hasta 2018
(En miles de millones de dólares)

La marca de Google, vale hoy más de 160.000 millones de dólares, según la revista Forbes.

Google facturó más de 160.000 millones de dólares en 2019.

Y cuenta con algo más de 118.000 empleados. Es decir, cada uno de ellos factura más de un millón de dólares -exactamente 1.355.000 dólares. Esto coloca a Google entre las diez empresas tecnológicas que generan más ingresos por empleado.

Estas increíbles cifras sólo pueden entenderse si analizamos otro dato fundamental que no ha recibido suficiente interés por parte de los medios de comunicación, y que explica cómo puede Google facturar más de un millón de dólares por empleado y ganar con cada uno de ellos más de cuatro veces la media de las grandes empresas: Google tiene muchísimos más ordenadores que empleados. En otras palabras, es una empresa de procesos automáticos fundamentalmente gestionada por robots – ordenadores debidamente mejorados por los ingenieros de la empresa. Es curioso constatar además que Google no publica con claridad el número de ordenadores que posee, pero las estimaciones oscilan entre 300.000 y seis millones. En cualquier caso, estamos hablando de una cantidad enorme de ordenadores –robots. Ellos son, en buena medida la fuerza de Google, y explican su éxito.

En paralelo a su impresionante ascenso durante los últimos años, Google ha realizado una serie de actividades cuestionables, o de dudosa moralidad, que le han valido una serie de críticas muy diferentes y variadas –desde críticas a la escasa privacidad de algunos de sus productos, a reproches acerca de su complicidad con el gobierno chino.

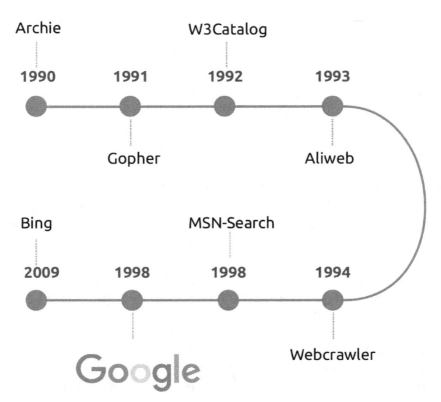

Capítulo 3
Funcionamiento básico de Google

Vamos a tratar de explicar cómo Google realiza la hazaña de procesar y analizar toda la red. El proceso de búsqueda en Google se de la forma siguiente:

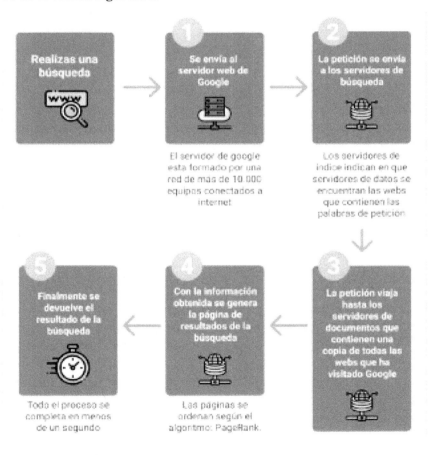

Tras una búsqueda, Google genera páginas de resultados SERP, Search Engine Result Pages, a través de su complejo y secreto algoritmo matemático que toma en cuenta más de doscientos factores.

Según la experta Ledford: "Cuando el usuario realiza una búsqueda de una palabra o una frase, un algoritmo examina la información almacenada en la base de datos y devuelve una lista de enlaces a páginas web que parecen coincidir con el término de búsqueda del usuario".

Hay que recordar que Google es un buscador basado en texto, no semántico –como serán quizás los del futuro- y por ende no entiende lo que reflejan sus resultados. Un internauta puede ingresar en Google "botín", y le aparecen resultados del afamado banquero, del conocido restaurante, del sinónimo de recompensa o del tipo específico de bota que lleva ese nombre.

Por otro lado, todo indica que el resultado de una búsqueda en Google es sobre todo una combinación de dos clasificaciones. Por un lado, está el índice de popularidad –"popularity index" en inglés que como veremos en profundidad más adelante, corresponde con el PageRank, un valor matemático único calculado de forma compleja y actualizado con frecuencia. De esta manera, a través del PageRank, Google clasifica todas las páginas web que tiene indexadas –miles de millones- en una lista, en función de los puntos de PageRank que tienen. Como indican Amy Langville y Carl D. Meyer en su obra "PageRank and beyond, the science of search engine rankings" (2006), esta clasificación, definida por la cantidad de PageRank, es independiente de la búsqueda concreta –en inglés, "query-independent". Se obtiene a través de un complejo análisis de la estructura de enlaces de todo Internet.

La otra parte fundamental para obtener la clasificación final corresponde con un "índice de contenido" –en inglés, context index", que sí depende de cada búsqueda concreta.

Google realiza una clasificación para cada palabra-clave, que contiene la lista de todas las páginas web relevantes para esa búsqueda y un puntaje para cada una, otorgado por una gran cantidad de factores. Esta clasificación, a su vez, se combina con el PageRank para lograr la clasificación definitiva.

Capítulo 4
Algunos conceptos

Para entender lo que sigue es conveniente dominar los siguientes conceptos:

Etiqueta título: etiqueta utilizada para definir el nombre de una página Web. Para obtener los resultados de este factor se pueden utilizar diferentes herramientas, como por ejemplo SEO Quake en diferentes navegadores.

Extensión del texto: se refiere al número total de palabras que contiene el cuerpo de una página Web. Puede verse gratis con SEO Quake.

Densidad de palabra clave (PC) en el texto principal de la página: Es el número (en porcentaje) de veces que se repite la palabra clave dentro del texto principal de la página web. Puede verse gratis con SEO Quake.

PageRank (PR): marca registrada por Google. Consiste en una compleja formula matemática que otorga a cada página web un valor numérico –representado del 0 al 10-, en función de su importancia. Como veremos más adelante, el valor real de PageRank no es lineal, sino exponencial, y por tanto los valores de la escala 0 a 10 son engañosos, ya que la distancia entre cada número es un factor 8 –el 2 es 8 veces más potente que el 1. Google ya no publica los valores de PageRank de una página web, y no puede conocerse con exactitud, si bien hay indicadores muy semejantes que pueden usarse.

Número de enlaces entrantes externos: Es el número de hipervínculos (enlaces) que recibe una página Web desde otras páginas web de Internet.

Número de enlaces a todo el sitio Web: este criterio toma en cuenta los enlaces que recibe todo el sitio Web –página principal y todas las internas- desde otras páginas de Internet.

Número de enlaces salientes: se refiere a la suma total de páginas Web externas que se enlazan desde una misma página Web.

Número de enlaces internos: Se refiere a la suma total de enlaces a páginas o secciones interiores que se enlazan desde una misma página Web. Puede verse gratis con SEO Quake.

Edad del sitio Web: este criterio toma en cuenta la antigüedad –en años- del sitio Web donde se aloja la página web que aparece en primera posición. Puede verse gratis con SEO Quake.

Palabra clave en nombre del dominio: este factor toma en cuenta si el dominio principal del sitio Web donde se aloja la página web en primera posición, posee o no la palabra clave en cuestión.

Palabra clave en URL de la página: de igual manera que el criterio anterior, se toma en cuenta si la palabra clave está contenida en cualquier parte de la URL de la página analizada. Por ejemplo, la página de la Wikipedia que habla del automóvil contiene esa palabra en su url: http://es.wikipedia.com/wiki/automóvil.

Número de barras en la URL: se trata del número de barras (símbolo: /) que contiene una página Web en su URL.

Número de páginas indexadas en Google de todo el sitio: se trata del número de páginas de un sitio Web que tiene indexadas Google en su índice. Este valor lo podemos obtener a través del propio Google, escribiendo site:dominio.com en el buscador.

Palabra clave en encabezado H1: los textos encabezado H1 son aquellos que se escriben entre las etiquetas <h1>...</h1> en el código HTML de una página Web.

Palabra clave en encabezado H2: los textos encabezado H2, son los textos escritos entre etiquetas <h2>...</h2>, en el código HTML de una página Web.

Palabra clave en etiquetas ALT: El atributo <alt> define un texto alternativo para imágenes y otros elementos de una página cuando el usuario usa un navegador de texto.

Uso (densidad) de palabra clave en etiquetas ALT: El atributo <alt> define un texto alternativo para imágenes y otros elementos de una página cuando el usuario usa un navegador de texto. Para este factor se cuenta el número de veces (en porcentaje) que se repite la palabra clave en la etiqueta ALT de la página Web analizada.

Uso (densidad) de palabra clave en texto ancla de enlaces internos: Este criterio se refiere a los textos de enlace de los hipervínculos que apuntan a una página Web de un mismo dominio. Se calcula el número (en porcentaje) de veces que se repite la palabra clave en los textos ancla de enlaces internos.

Uso (densidad) de palabra clave en texto ancla de enlaces salientes: Este criterio se refiere a los textos de enlace de los hipervínculos que apuntan a una página Web externa al dominio analizado. Se calcula el número (en porcentaje) de veces que se repite la palabra clave en los textos ancla de enlaces salientes.

Uso (densidad) de palabra clave en URLs de enlaces internos: Este criterio se refiere a las URLs de enlaces que apuntan a una página Web de un mismo dominio. Se calcula el número (en porcentaje) de veces que se repite la palabra clave en URLs de enlaces internos.

Uso (densidad) de palabra clave en URLs de enlaces salientes: Este criterio se refiere a las URLs de enlaces que apuntan a una página Web externa al dominio analizado. Se calcula el número (en porcentaje) de veces que se repite la palabra clave en URLs de enlaces salientes.

Uso (densidad) de palabra clave en la etiqueta descripción: la etiqueta descripción es utilizada para describir qué contiene una página Web. Este factor analiza la cantidad de veces (en porcentaje) que se repite la palabra clave en el texto descripción de la página Web analizada.

Uso (densidad) de palabra clave en la etiqueta de palabras clave: La etiqueta Palabras Clave permite definir qué términos son importantes para una página Web. Este criterio toma en cuenta la cantidad de veces (en porcentaje) que se repite la palabra clave en la etiqueta de palabras clave.

Uso (densidad) de palabra clave en la primera oración del texto principal: La primera oración del texto principal se encuentra después de la etiqueta <body> del código HTML de una página Web. Este factor analiza el número de veces (en porcentaje) que se repite la palabra clave en la primera oración del texto principal.

Capítulo 5
Estrategia

Antes de detallar cuáles son los factores más importantes para obtener buenos resultados en Google, y cómo manejarlos, es necesario abordar algunas cuestiones estratégicas.

Lo primero que tenemos que saber es qué queremos lograr.

¿Qué tráfico queremos atraer? ¿Con qué objetivo? ¿Se trata de vender aparatos de gimnasio por internet? ¿Queremos influir en el debate político sobre un tema específico? ¿O somos una ONG que quiere que la gente apoye una causa concreta? ¿Cómo encontrará nuestra audiencia nuestro sitio web? ¿Cómo podemos convencerles para que nos compren lo que vendemos?

¿Buscamos visitas que se informen? ¿Deseamos vender algún producto?

Una vez que sepamos qué queremos, lo siguiente será definir nuestra estrategia de palabras clave.

El universo de Google está fragmentado en palabras clave. No se parece nada la página de resultados de "ofertas de viajes a indonesia" que la que muestra la respuesta a la búsqueda "propuestas políticas del PP" o "cómo cocinar una dorada a la sal". Las metas del usuario que busca unas u otras son muy diferentes.

Es preciso analizar cuáles son las palabras clave que – solas o combinadas- necesitamos para lograr nuestros objetivos.

Después será conveniente estudiar en cuáles de ellas debemos competir, puesto que no será eficiente intentar destacar en todas.

Y en ocasiones será casi imposible.

Finalmente, tendremos que estudiar cómo encajan en nuestro sitio web -o en varios de ellos- las combinaciones de palabras clave que escojamos. Es decir, cómo se desarrollan y se relacionan entre ellas.

Si lanzamos un negocio online, por ejemplo, una tienda que vende cajas de vino directamente a los consumidores, debemos analizar quiénes son nuestros clientes potenciales y cómo se comportan. También quiénes son los competidores que dominan el mercado y qué están ofreciendo. Un estudio de los consumidores, del mercado y de la competencia debería por tanto preceder a cualquier iniciativa online.

Volviendo a las combinaciones de palabras clave, hay tres preguntas fundamentales:

1) ¿Cuáles buscan nuestros clientes o usuarios potenciales?
2) ¿Cuáles usan nuestros competidores?
3) ¿Cómo las vamos a organizar en nuestro sitio web?

Si sabemos las respuestas a estas preguntas, tendremos mucho terreno ganado.

El primer objetivo suele ser aparecer el primero –o de los primeros- para el nombre de nuestra empresa o negocio. Debería ser la parte fácil del trabajo. Podemos conseguir mucho más.

De la misma manera, es poco útil obtener posiciones destacadas para combinaciones de palabras clave que son importantes para nosotros, pero que nadie busca. Alguien por ejemplo quiere aparecer en Google para la búsqueda "odontólogo colegiado en Madrid". Eso lo podemos lograr fácilmente, pero ¿Cuántos consumidores lo buscan? Es mejor destacar para la búsqueda "dentista en Madrid". Básicamente porque mucha más gente busca esa combinación.

Por otro lado, si queremos obtener buenos resultados para palabras clave genéricas (dentistas, viajes, plantas), nos enfrentamos a un reto enorme. El nivel de competencia es ya brutal para prácticamente cualquier palabra, por lo que es muy difícil lograrlo. Y además la gran mayoría de la gente -el 75% según algunos estudios- busca combinaciones de dos, tres o más palabras, mientras que sólo una pequeña minoría realiza búsquedas de una sola palabra.

Mucha más gente busca "dentista en Madrid -o en otra ciudad concreta- que "dentista". Y esa gente quiere algo concreto – un dentista en su ciudad- mientras que la persona que busque "dentista" puede ser un estudiante buscando una definición o un niño buscando qué significa esa palabra.

Es el concepto de "long tail" o cola larga. La gente busca, por ejemplo, viajes a un lugar concreto, más que la palabra "viaje" en general.

El concepto mercadotécnico general lo desarrolla Chris Anderson en su libro "the long tail".

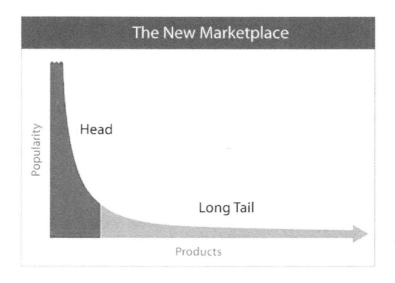

La gráfica anterior muestra la filosofía subyacente en una estrategia de "long tail". Aplicado a Google, quiere decir que hay muchas búsquedas de productos concretos, por ejemplo "cintas de correr de segunda mano" o "dentistas baratos en Valladolid". Es la base del éxito, por ejemplo, de amazon.com

Lo ideal es encontrar muchas combinaciones de varias palabras clave que la gente busca, pero que la competencia todavía no ha saturado.

Hay que evitar también la tentación de llenar las páginas web de nuestro sitio de textos ilegibles para el ojo humano, a base de repetir y repetir una palabra clave concreta -keyword stuffing. Una práctica que además está penalizada por Google, como veremos más adelante.

En resumen, hay que pensar en los usuarios potenciales, ponerse en su piel, y usar su lenguaje.

Y entonces, ¿cómo saber lo que la gente busca?

En español contamos con una herramienta que suministra el propio Google. Se trata de su herramienta planificador de palabras clave.[7]

En realidad, esta herramienta -que tiene también sus detractores- está pensada para ayudar a los clientes de Google cuando compran su publicidad. Sin embargo, puede usarse también para saber cuántas búsquedas tienen una o varias palabras-clave concretas.

Hay que tener en cuenta que la herramienta no es muy precisa, y hay que usarla desde Google Adwords.

Otra herramienta gratuita es la de tendencias de Google "Google

---

[7] https://ads.google.com/intl/es_ES/home/

Trends" (https://trends.google.es), también de Google, como el nombre indica. Permite conocer -de nuevo, de forma algo inexacta- las búsquedas de una palabra clave. Permite analizarlo por país, período de tiempo, categoría y tipo de búsqueda.

Si por ejemplo buscamos "libro Google", nos dice que en España hay alrededor de 46 búsquedas a la semana de este término.

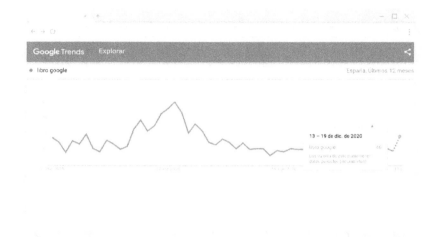

Búsqueda "libro google", en google trends

Si buscamos "dentistas Madrid", nos indica 50 búsquedas, mientras que "clinicas dentales Madrid" nos da la mitad, 25.

Como curiosidad, esa herramienta permite saber cuáles fueron los términos más buscados en 2020 en España.

¿Los adivinas? El número uno es coronavirus, algo esperable, seguido de elecciones eeuu, classroom, la liga y Kobe Bryant, todo eso según Google.

Además de estas herramientas, existen algunas otras de pago, para determinar la cantidad de búsquedas. Una de ellas es Semrush.

com, que nos permite saber cuáles son las palabras clave en las que destaca un competidor. Otra, en inglés, es wordtracker, en http://www.wordtracker.com/

También podemos preguntar a los usuarios que nos interesan, qué palabras buscan, informalmente, o de forma profesional mediante herramientas de investigación de mercados como encuestas o grupos focales.

Finalmente, Google también nos da sugerencias de palabras relacionadas, tanto en la cajita de búsqueda de la parte de arriba como en la parte de debajo de los resultados de búsqueda.

Una vez que sabemos cuáles son las búsquedas más comunes, tendremos que analizar cuál es el grado de competencia que tiene cada una de ellas.

La forma más sencilla es estudiar cuántas páginas web aparecen para las operaciones de búsqueda de cada una de esas palabras clave.

Por ejemplo, volviendo a los odontólogos, aunque dentistas tiene más búsquedas, también tiene más competencia.

Si buscamos "dentistas Madrid" en Google, vemos que hay 29.700 resultados, mientras que "clinicas dentales Madrid" tiene 10.100 resultados.

Cantidad de resultados por cada búsqueda

Debemos por tanto calcular cuál es la relación entre los volúmenes de búsqueda de cada combinación de palabra clave, y el nivel de competencia. Una fórmula sencilla sería dividir para cada palabra clave el volumen estimado de búsquedas entre el número de páginas web que la contiene. Y después clasificamos todas las palabras clave según ese indicador. Hay formas de hilar más fino, por ejemplo, analizando cuáles son las páginas web que contiene una palabra clave y que además reciben enlaces cuyo texto ancla incluye esa palabra clave. Para ello hay que buscar allinanchor:palabra clave en Google. Eso nos dará un número de páginas web más reducido. Tendremos entonces que calcular el ratio entre el volumen de búsquedas y las páginas web que reciben enlaces cuyo texto contiene esa palabra clave. Obtendremos así un indicador más afinado.

Y también hay que tener en cuenta cuáles son cualitativamente los resultados en primera página, porque unos serán más difíciles de adelantar que otros.

Por ejemplo, si buscamos *hotel en Ibiza*, nos topamos con los "sospechosos habituales" en los diez primeros resultados, es decir, sitios webs enormes, muy difíciles de desplazar, como son booking, expedia, trivago, etc. Será casi imposible superar a esos gigantes.

Sin embargo, si buscamos *alojamiento en Ibiza*, o *donde dormir en Ibiza*, el panorama es más alentador.

Lo suyo es establecer también algún indicador cuantitativo específico de la primera página de resultados, que nos muestre su dificultad. Puede ser tan sencillo como sumar, para los primeros 10 resultados, por un lado, el número de páginas indexadas en todo el sitio web, los enlaces que recibe el sitio web en general, todo ello multiplicado por la antigüedad del sitio web y dividido entre 1000. Así obtenemos un indicador de la fuerza estructural de esa página. Podemos sumarle los enlaces que recibe esa página en concreto para tener una referencia aproximada de la dificultad.

Para el primer resultado de una búsqueda, quedaría:

Nivel de Dificultad= [Número de páginas indexadas en todo el sitio web + número de enlaces a todo el sitio web] * antigüedad del sitio web/1000] + Número de enlaces entrantes a la página en concreto.

O más sencillo, podemos utilizar alguna de las herramientas que nos dan indicadores de la autoridad de una página y de su dominio. Por ejemplo, la herramienta Semrush (semrush.com) nos ofrece cuatro tipos de indicadores:

Page Score
Page Score mide el **número de enlaces** que apuntan a una página web.

Domain Score
Domain Score mide el **número de enlaces** que apuntan a un sitio web en su conjunto.

Trust Score
Trust Score mide la fiabilidad de una web o dominio. Se calcula analizando el **número de enlaces entrantes procedentes de páginas con elevada reputación. Es decir, es un indicador de la calidad de los enlaces que recibe una página o dominio.**

Dado que Trust Score analiza los enlaces más fiables, si se da una gran diferencia entre Trust Score y Page Score de una página, quiere decir que estamos recibiendo muchos enlaces de baja calidad.

Authority Score

Authority Score mide la fuerza general de un dominio. Para calcularlo SEMrush se basa en:

- Datos de enlaces, incluyendo Domain Score, Trust Score, y otros.
- Datos de búsqueda orgánica incluyendo tráfico orgánico y posiciones
- Datos del tráfico de la web

Con cualquiera de estos y otros indicadores podemos analizar el nivel de dificultad de una primera página de resultados de una palabra clave determinada. Deberemos tenerlo en cuenta para escoger las que tengan la mejor relación entre volumen de búsquedas y competencia.

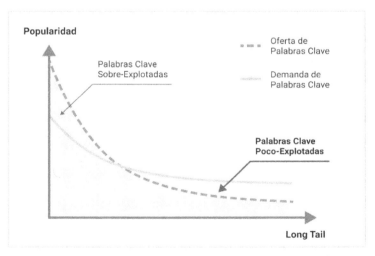

Análisis de Mercado de Palabras Clave según
Popularidad y Cola larga (Long Tail)

Estructura del sitio web

Una vez que elegimos las palabras clave para las que vamos a competir, es fundamental elegir cómo. Me explico. La página principal de nuestro sitio web, debería reservarse para las palabras clave más difíciles, mientras que otras secciones de nuestro sitio web deberían centrarse en búsquedas secundarias y terciarias.

Por ejemplo, si desarrollamos un sitio de viajes a Japón, la página principal debería optimizarse para esas palabras clave, mientras que otras secciones deberían apuntar a "viajar barato a Japón", "viajar a Tokio", etc. Y deberíamos usar una bitácora o blog para la cola larga, es decir, publicando entradas sobre viajes a Naoshima en Japón, enfocada a los que quieren visitar esa isla.

Lo ideal es que cada página web dentro de nuestro sitio web esté optimizada para un solo grupo de palabras clave. Aunque no es lo ideal, podemos optimizar una página web para varios grupos de palabras-clave relacionadas entre sí, pero una misma palabra-clave o frase debe optimizarse en una sola página web de nuestro sitio. De lo contrario, entraríamos en una "canibalización" de palabras-clave que nos debilitaría ante Google. Este principio estratégico es fundamental, aunque muchos lo olvidan. Es decir, que si tengo una sección que habla de viajar a Tokio, no debería escribir una publicación en mi bitácora (blog) optimizada para ese tema. Es una ineficiencia para los usuarios, y sobre todo para Google, puesto que emitimos una señal disonante.

Capítulo 6
Indexación

Antes de pasar a analizar cuáles son los factores cruciales a la hora de obtener buenos resultados en Google debemos explicar, siquiera de forma resumida, el tema de la indexación en Google. Para lograr ganar una carrera, primero debemos inscribirnos. Si una página web no está indexada en el índice de Google, es metafísicamente imposible que pueda lograr una buena posición en sus resultados de búsquedas. Por el contrario, no aparecerá en ningún resultado.

Como ya hemos explicado Google tiene una serie de robots automáticos. El más famoso de ellos es el llamado Googlebot. Se trata del robot principal de rastreo web de Google, también denominado "araña" –en inglés spider. Googlebot rastrea Internet constantemente, descubre páginas nuevas y contenidos actualizados de páginas viejas y añade todo ello al índice de Google.

Google usa una ingente cantidad de equipos informáticos para este proceso de "digestión" de miles de millones de páginas web. Googlebot utiliza un proceso de rastreo algorítmico: unas complejas fórmulas matemáticas determinan los sitios que tiene que rastrear, la frecuencia y el número de páginas web que tiene que buscar en cada sitio. Ese proceso comienza con una lista de URLs de páginas web generada a partir de procesos de rastreo anteriores y se amplía con los datos que ofrecen los webmasters. A medida que Googlebot visita cada uno de esos sitios web, detecta enlaces en sus páginas y los añade a la lista de páginas que debe rastrear. Los sitios nuevos, los cambios en los existentes y los enlaces obsoletos se detectan y se utilizan para actualizar el índice de Google. Esto significa que Google tiene en su "estómago", en todo momento almacenada una copia del 99%

de Internet –imaginemos la enorme cantidad de datos que eso supone- Esta copia puede consultarse durante un mes, incluso si la página web ya no está disponible, en la función "memoria caché" de los resultados de búsqueda. Ahí nos muestra Google la última copia que tiene de una página web, así como el momento en que Googlebot obtuvo los datos.

Googlebot calcula con qué frecuencia debe pasar por una página web concreta, en función de lo poco o mucho que esa página web se actualiza. Si la página web cambia cada poco tiempo, Googlebot tratará de visitar la página web a menudo, en esa misma frecuencia. Si por el contrario, la página web cambia aproximadamente una vez al mes, Googlebot la visitará cada 30 días. Los webmasters pueden solicitar a google la modificación de esta frecuencia de rastreo, dentro de la herramienta de Search Console (antes se llamaba Webmasters Tools), en: http://support.google.com/webmasters/bin/answer.py?hl=en&answer=48620

Se observa en detalle el contenido del sitio web oficial del Real Madrid en la memoria caché de Google. Se lee que Googlebot pasó por ahí el 11 de diciembre de 2020 a las 09:06:44 GMT horas

Googlebot coordina los distintos equipos rastreadores, que normalmente provendrán de centros de datos cercanos a las páginas indexadas.

En el archivo robots.txt le indicamos a Googlebot las páginas que debe rastrear. También podemos usarlo para bloquear el acceso de los robots de rastreo a una parte o la totalidad de nuestro sitio web. Este archivo robots.txt se debe ubicar en el directorio principal del servidor - por ejemplo, www.misitioweb.com/robots.txt.

Googlebot encuentra nuevas páginas siguiendo enlaces.

Problemas y dificultades de indexación

Googlebot no podrá acceder a contenidos que requieren un registro –log in- o un pago previo.

Por otra parte, los archivos de Flash, JAVA, Adobe Shockwave, audio y video son contenidos que Googlebot, por lo general, no podrá rastrear. En principio, Googlebot sólo puede leer texto y es ciego para todo lo demás. De ahí el uso de atributos ALT, que veremos posteriormente.

Lo mismo ocurre con JavaScript asíncrono y XML, más conocido como AJAX. Las aplicaciones AJAX son problemáticas a la hora del rastreo. Es preferible evitarlas siempre que sea posible.

¿Qué debemos hacer para conseguir que Google indexe nuestros contenidos?

Conseguir que Google permita que "nos registremos en la carrera" de sus resultados, es decir, que indexe nuestros contenidos, es relativamente fácil.

Bastará con comunicárselo directamente a través de Google Search Console, https://search.google.com/search-console/

Herramienta que sustituye a Google Webmaster Tools.

O bien puedes enlazar desde una página web ya indexada a la página web nueva que queremos indexar en Google. Al rastrear la página existente, Googlebot añadirá la página nueva.

Para lograr que indexe adecuadamente nuestros contenidos, deberemos tener presente lo anterior, y facilitar la tarea de Googlebot a la hora de procesar los textos más importantes.

Por otro lado, Googlebot no indexará una página web si la considera una copia de alguna página web ya existente.

Y una vez indexados, debemos evitar a toda costa que Google nos eche de su índice. Lo hará si detecta malas prácticas. Esa desindexación, mucho peor que una "excomunión" papal, nos arrojaría a la muerte civil en Internet.

Estar indexado nos permite correr en la maratón, aunque lógicamente no garantiza que la ganemos.

CONSEJOS PARA TRIUNFAR EN GOOGLE

Una vez que hemos desarrollado una estrategia coherente, y conseguimos que Google indexe nuestros contenidos, pasamos a detallar lo que debemos hacer para lograr obtener buenos resultados.

Hay que tener en cuenta tres tipos de factores:

Los que atañen al sitio web. Son los factores estructurales.
Los que atañen a la relevancia. Son los factores internos.
Los que atañen a la popularidad. Son los factores externos.

Empezaremos por los factores estructurales.

Consejos relativos a factores estructurales

Consejo 1
Registra bien

Google procesa diferentes datos relativos al registro de un dominio.

Nombre. Lógicamente, Google tiene una "lista negra" de personas que cuentan con un historial delictivo, fraudulento o "spammer" y penaliza los dominios que registran.

Ocultación. Precisamente por lo anterior, algunos de estos individuos ocultan sus datos al registrarse, mediante diferentes trucos, algo que no le gusta a Google.

Evita registrar un dominio ocultando los datos del registrador real.

Fecha de expiración

Google premia los dominios que tienen una fecha larga de expiración. De hecho, lo dice en una de sus patentes:
"Los dominios legítimos con frecuencia pagan varios años de su registro por anticipado, mientras que los dominios ilegítimos rara vez se usan más de año. Por tanto, la fecha de expiración de un dominio puede usarse como un factor para predecir la legitimidad de un dominio."

Por tanto, siempre que puedas, registra el dominio durante muchos años.

Consejo 2
Bautiza con inteligencia
(nombre del dominio)

La primera decisión importante que debemos tomar, si lanzamos un sitio web nuevo, es escoger bien el nombre del dominio.

La evidencia empírica de numerosas búsquedas indica que el nombre del dominio sí importa, aunque a Google no le guste, y haya afirmado lo contrario en incontables ocasiones. De aquí sacamos o tra lección, no podemos fiarnos de todo lo que dice Google.

A día de hoy, aunque se ha ido reduciendo con el tiempo, el nombre del dominio sigue teniendo algo de peso en los resultados de Google.

El nombre de dominio por sí solo, en algunas ocasiones y generalmente para palabras clave poco competitivas, puede lograr que una página web obtenga posiciones destacadas sin haber optimizado otros factores individuales y sin provenir de una "familia destacada" –es decir, sin estar alojada en un sitio web de mucha antigüedad, un elevado número de enlaces entrantes y un elevado número de páginas indexadas. Es decir, que tener el nombre de dominio puede compensar deficiencias en otros campos.

¿Qué lección práctica podemos sacar de este resultado?

Pues bien, si nuestro objetivo es conseguir posiciones destacadas para un gran número de palabras clave, entonces, claramente, el nombre de dominio por sí solo no es un factor estratégico relevante. Es mucho más importante como veremos conseguir una gran cantidad de enlaces entrantes o crear un sitio web poderoso, que reciba muchos enlaces e indexe una gran cantidad de páginas.

Ahora bien, si nuestro objetivo es lograr posiciones destacadas para una palabra clave –o varias muy relacionadas- en un sector poco competitivo -olvidémonos de triunfar así en turismo, hoteles, viajes, etc.- entonces sí que es importante escoger un nombre de dominio que la contenga, por mucho que Google repita su mantra de que no importa.

Podemos desmentir a Google con diferentes búsquedas que lo demuestran.

Por ejemplo, si buscamos El camino a la felicidad no sé si encontraremos la felicidad, pero sí varios sitios web que contienen esas palabras clave en su dominio.

El dominio del primer resultado de la búsqueda
El camino a la felicidad

Es verdad que la importancia de este factor se ha reducido mucho, y se sigue reduciendo.

Y en la práctica tenemos que ser hábiles para sacar partido de este criterio, puesto que quedan pocos dominios disponibles que contengan palabras clave interesantes, aunque hay nuevas extensiones de dominio -la parte final de los mismos- que nos permiten todavía "pescar" algo interesante.

Otro ámbito del universo SEO donde el nombre del dominio sigue teniendo importancia es en Google Mybusiness, es decir, los resultados y búsquedas de Google Maps, que también en ocasiones se insertan en la página principal de Google. Al clasificar las fichas de Google Mybusiness, el algoritmo le da más peso al nombre de dominio que para la búsqueda general, como es también fácilmente verificable.

Vamos a explicar ahora el resto de los factores estructurales, que normalmente reciben mucho menos atención de la que merecen.

Se trata de criterios asociados al sitio web –por contraposición a una página web individual. Google afirma que, al clasificar los resultados de su lista de respuesta a una búsqueda, el elemento básico de su análisis es cada página web. De esa forma, todas y cada una de las páginas web compiten entre sí.

Vamos a demostrar que, aunque Google no lo reconoce explícitamente, vuelve a faltar a la verdad. El buscador concede una gran importancia al sitio web donde se alojan las páginas web, esto es, a la "familia" de cada página web. En gran medida, Google se ha vuelto más y más elitista. Si una página está en un sitio web antiguo y reconocido, las probabilidades de que aparezca en las primeras posiciones aumentan considerablemente. Basta observar, por ejemplo, la cantidad de páginas de la Wikipedia que logran situarse en las primeras posiciones de distintas búsquedas –desde nombres comunes a palabras técnicas, pasando por localidades o famosos. Como veremos, hay una estrecha relación entre el sitio web general de una página web y las posiciones de ésta en Google. Son factores de posicionamiento que dependen del sitio web general.

Consejo 3
Envejece o búscate un anciano (antigüedad del sitio web)

Entre los factores de posicionamiento en buscadores (SEO) más importantes nos encontramos con los factores estructurales, que son los que atañen al sitio web en su conjunto, y no a una página específica de dicho sitio web.
De éstos, destaca por su demostrada importancia un factor clave: la edad del dominio.

La evidencia demuestra, de forma abrumadora, que Google premia a las páginas alojadas en dominios relativamente antiguos y, por contra, castiga a las páginas web de sitios webs recientes.

Ya desde 2004 está demostrada la existencia del Google Sandbox, que hace que las nuevas páginas web tarden un tiempo en aparecer en los resultados de búsquedas. Aunque Google nunca lo ha reconocido oficialmente. Además de ese efecto, es claro que las páginas que sí aparecen, son normalmente páginas que tienen cierta antigüedad -salvo en búsquedas específicas que requieren frescura- que a su vez están alojadas en dominios antiguos. Este comportamiento de Google se debe a varios fenómenos simultáneos.

El primero es el combate a los sitios web basura, spam -palabra que es una contracción de spiced ham, jamón con especias, y que se aplica a los correos o sitios web falsos o basura, por una película de Monty Python. ¿Por qué hace Google esto? Porque estos sitios web son casi siempre recientes. Los profesionales del spam lanzan permanentemente nuevos sitios web. Engañan a usuarios y buscadores durante un período de tiempo muy limitado y después abandonan ese sitio web como chatarra y lanzan otro sitio web distinto. Google ha detectado este procedimiento y ha desarrollado la forma de contrarrestarlo penalizando específicamente las páginas hospedadas en sitios nuevos. Además de esta medida higiénica pero drástica, hay factores positivos relacionados con la edad del sitio web, que favorecen indirectamente a los "viejos". El más importante son los enlaces entrantes externos, de manera que lógicamente, cuantos más años tenga un sitio web, más enlaces habrá acumulado hacia él. Por todo ello, la edad es un factor muy importante. Ahora bien ¿Cuál es su auténtica importancia? ¿Puede una página nueva llegar a la primera posición para alguna palabra clave?

Numerosos estudios lo han medido, y la respuesta es que es cada vez más difícil que las páginas alojadas en un dominio nuevo logren posiciones destacadas en las búsquedas, especialmente en sectores competitivos.

Si analizamos mi tesis doctoral, de las 359 páginas web que lograban la primera posición para 359 palabras clave en Google. es en 2012, tan sólo cinco de esas páginas web estaban alojadas en un sitio web de menos de tres años de edad. **Por tanto, el 98,6% de las páginas web en primera posición pertenecían a sitios web de tres o más años. La media de edad de los sitios web donde se alojaban las páginas web que aparecerían en primeras posiciones era de 8,15 años.**

¿Ha cambiado esta realidad con el tiempo? Sí, ha cambiado. La edad del dominio es ahora más importante. Puedes estar seguro.

Investigaciones de 2016, 2017, 2018 y 2019 sobre los factores de posicionamiento SEO en Google.es, en diferentes sectores competitivos confirman que un 99% las páginas en primeras posiciones están alojadas en dominios que tienen más de 3 años de edad.

Por ejemplo, en el sector de los hoteles, altamente competitivo, la media de edad de estos dominios está por encima de los 16 años. Por tanto, comprobamos la extraordinaria importancia que Google otorga a la edad del dominio donde se aloja una página web. Es prácticamente imposible que una página web alojada en un sitio web nuevo alcance la primera posición en resultados de búsquedas competitivas.

Hay otros estudios similares para Google.com. La reconocida herramienta de marketing digital Ahrefs, realizó un estudio en 2017, acerca de cuánto tarda una página web en lograr resultados. Analizaron para el estudio dos millones de búsquedas:
Sus conclusiones son:

La página web que aparece en primera posición en los resultados en Google tiene de media casi tres años.
Las páginas web en las 10 primeras posiciones, tienen, de media más de dos años.
Sólo un magro 5.7% de todas las páginas web entre las diez primeras posiciones tenían menos de un año.

Y todo esto, tomando como referencia del análisis la edad de la página web. Pero lo más interesante, es analizar la edad del sitio web, como he mostrado anteriormente. Lo hace también el experto Ccarter, en la bitácora de Serpwoo, la herramienta de marketing digital que analiza resultados de búsquedas competitivas, en un estudio publicado en 2017.
https://www.serpwoo.com/blog/analysis/domain-age/

¿Resultados de su estudio acerca de la edad del dominio donde están alojadas las páginas que aparecen en las primeras 20 posiciones? Aquí están:

Palabra Clave	Volumen	Dificultad	Tipo	Menor	Mayor	Media
Amazon	55,600,000	Short Tail	Brand	12.7	30.7	20,9
Apple	3,350,000	Short Tail	Brand	10.1	30.7	22,1
Beats By Dre	673	Short Tail	Brand	11.1	31.5	16,8
Beyonce	2,240,000	Short Tail	Celebrity	12.3	30.7	19,1
Black Friday Online Sales	2400	Long Tail	Discount	10.1	26.5	18,8

Palabra Clave	Volumen	Dificultad	Tipo	Menor	Mayor	Media
Boobs	1,220,000	Short Tail	Adult	4.9	22.5	17,5
Buy Garcina Cambogia	2,4	Short Tail	Buyer Intent	3.3	23.0	13,9
Buy Morphine Pills Online	50	Long Tail	Spammy	7.7 months	21.6	5,4
Buy Valium Online Legally	170	Long Tail	Spammy	1.8	20.5	7,9
Cheap Beats By Dre	14,8	Long Tail	Discount	1.6	30.7	16,9
Chicago SEO	1,9	Short Tail	Locality (Chicago, IL USA)	2.4	20.1	11,1
Chicago SEO Company	390	Short Tail	Locality (Chicago, IL USA)	3.8	20.1	11,4
Cyber Monday Sales	14800	Short Tail	Discount	4.9	24.1	17,4
Hotel	165	Short Tail	Generic	13.6	24.8	20,9
Kanye West	1,000,000	Short Tail	Celebrity	12.3	23.8	19,3
Keywords For Search Engine Optimization	20	Long Tail	Business Services	3.4	21.6	13,9
Keywords Suggestion Tool	20	Short Tail	Business Services	2.5	20.1	11,4
Kim Kardashian	3,350,000	Short Tail	Celebrity	5.5	30.7	19
Louis Vuitton Replica	5400	Short Tail	Spammy	10.7 months	23.0	14,3
Natalie Dormer	246	Short Tail	Celebrity	10.0	23.5	18,5
Online Pharmacy Ambien [2]	50	Short Tail	Spammy	6.8 months	20.1	4
Pay Per Click Management	140	Long Tail	Locality (Chicago, IL USA)	2.6	23.1	14,1
Search Based Keyword Tool	10	Long Tail	Business Services	3.4	20.1	13,7
Search Engine Marketing Professional	70	Long Tail	Business Services	5.4	23.2	15,5

Search Volume For Keywords	30	Long Tail	Business Services	1.0	20.1	11,9
SEO	90,5	Short Tail	Locality (Chicago, IL USA)	6.1	23.1	15,5
Social Media Competitive Analysis Tools	20	Long Tail	Business Services	3.0	22.4	10,2
Taylor Swift	1,500,000	Short Tail	Celebrity	2.9	24.1	19,1
Website Design	27,1	Short Tail	Locality (Chicago, IL USA)	5.8	22.5	14,5
Where Can I Buy Alprazolam Online	30	Long Tail	Spammy	2.9 months	19.0	5,4

La primera columna es la palabra clave, la segunda el volumen de búsquedas, la tercera si son términos de cola corta (muy difíciles) o de cola corta. La siguiente el sector de la búsqueda -si son marcas, famosos, etc- y las siguientes la edad del resultado más joven, es decir del menor, del mayor, y la media de edad de los 20 primeros.

El bueno de Ccarter se queda tan sorprendido que no se atreve a hacer la media general.

La he hecho yo. ¡**14,68**!

Es decir, la media de edad de los dominios que alojan a las páginas web que consiguen estar en las primeras 20 posiciones de Google, para palabras clave competitivas es de casi quince años. Eso en términos de Internet es una eternidad. La primera página de resultados es un geriátrico.

Recordemos que en el estudio nombrado anteriormente, realizado en Google.es, la página que lograba la primera posición en búsquedas de hoteles estaba alojada en un sitio web que tenía, de media más de 16 años. Son datos semejantes, con la salvedad de que en el de EEUU hablamos de las 20 primeras, no la primera, que tendrá con certeza más edad. La diferencia se explica por el mayor nivel de competencia que existe en el mercado estadounidense respecto al español.

Esta realidad puede escandalizar, asustar o deprimir a algunos expertos en SEO, pero negarla no nos llevará a ninguna parte.

Y una vez que sabemos que Google premia a las páginas web añejas alojadas en dominios antiguos, ¿Qué podemos hacer al respecto?

Bueno, puede ocurrir que nuestro sitio web ya sea antiguo. Si es así, enhorabuena, estás mucho más cerca de conseguir resultados positivos en Google -siempre que el sitio web no haya sido penalizado en el pasado.

Si no es el caso, tenemos dos opciones. Por un lado, comprar queso y vino y sentarse a esperar a que nuestro dominio envejezca. Puede que no dispongamos de tanta paciencia. Otra opción es, si no hemos escogido todavía el dominio donde desarrollaremos el sitio web, comprar uno antiguo. Antes de comprar un dominio antiguo es importante tener en cuenta varios factores:

Por un lado, debemos saber que lo más importante respecto a la edad, no es cuántos años lleva registrado un dominio concreto, sino cuantos años ha estado en línea, es decir, colgado en Internet, con contenido indexado en Google. Esto último es lo que de verdad cuenta. Lógicamente, lo que determina la edad de un dominio por tanto es cuándo fue indexado por primera vez, no cuando fue registrado, porque un dominio puede estar sin desarrollar, en cuyo caso no cuenta a su favor el paso de los años.

Además, debemos evitar dominios que tengan una personalidad o identidad propia en Internet que no corresponda con nuestro proyecto. Porque Google siempre los asociará a esa identidad, afectando otros resultados de búsqueda. Por ejemplo, no nos interesa un sitio web que recibe una gran cantidad de enlaces con un texto ancla determinado, que no guarda relación con nuestros objetivos.

Y por supuesto, debemos evitar a toda costa dominios que estén "manchados" ante los ojos de Google. Se trata de dominios que han sufrido la ira del buscador. Los casos más graves son aquellos sitios web que están desindexados. Google los ha sacado de sus resultados por hacer algo mal, en opinión del buscador. Debemos evitar a toda costa comprar alguno de estos sitios web "apestados" – han sufrido la "muerte civil" en Internet, mucho peor que la excomunión papal.

Hay además otros sitios web que sin estar desindexados, están penalizados, en distinto grado, por realizar malas prácticas que Google condena.
Por lo tanto, si decidimos comprar un sitio web antiguo debemos tomar precauciones o nos arriesgamos a que el remedio sea peor que la enfermedad.

Y por otro lado, este factor también nos da pistas acerca de lo que NO deberíamos hacer. Por ejemplo, tirar a la basura un dominio con antigüedad, para sustituirlo por uno nuevo. Podemos redirigir correctamente un dominio viejo a uno nuevo, pero la gestión de este cambio es delicada, porque si lo hacemos mal, el desastre en términos de posicionamiento en buscadores está garantizado. De aquí sacamos una gran lección. Siempre que puedas, ¡No cambies un dominio viejo por uno nuevo, quédate con el viejo!
Este error lo cometen una y otra vez miles de empresas e instituciones.

Los diferentes portavoces de Google siguen negando esta evidencia. Tanto Matt Cutts en el pasado como John Mueller en la actualidad dicen que la edad del dominio no importa. Éste último respondió en 2017 con un rotundo NO cuando se lo preguntaron en su cuenta de Twitter.

En esto, de la misma manera que en la importancia del nombre del dominio Google no dice la verdad.
Ellos sabrán por qué lo niegan.
La realidad es que para el buscador los dominios son como el buen vino, que gana con el tiempo. O edificios virtuales que crecen año a año. Reemplazarlos por otros es una obra delicada. Si se hace mal significará derribar el edificio y volver a los cimientos.

En Top Position contamos con una larga experiencia gestionando cambios de viejos a nuevos dominios, práctica que desaconsejamos pero que es inevitable en algunas ocasiones -por ejemplo, cuando una empresa compra a otra o se divide en dos distintas.

Consejo 4
Consigue enlaces, enlaces y más enlaces (número de enlaces entrantes hacia todo el sitio web)

No hemos terminado con los factores estructurales. Otro criterio estructural, que atañe al sitio web donde se aloja una página web, nos lo da el número de enlaces externos entrantes que recibe dicho sitio web.

Es decir, si luego veremos que el número de enlaces -y su calidad, junto a otros factores- que recibe una página web específica es importante, también lo es el número y calidad de los enlaces que recibe el dominio general, el sitio web donde se aloja esa página.

La investigación de mi tesis doctoral es clara al respecto. De las 359 páginas web analizadas en primera posición para alguna palabra clave en Google, un 69,36% de ellas están alojadas en sitios web que reciben, en su conjunto, más de 100.000 enlaces externos. Para las 359, la media del número de enlaces externos a todo su sitio web es de 93.088.761 enlaces. Sin duda la Wikipedia, que recibe un elevadísimo número de enlaces, contribuye a que la media sea tan elevada.

En cualquier caso, estos resultados confirman la importancia que tiene para el posicionamiento de una página web el pertenecer a un sitio web que recibe muchos enlaces externos. Como si se tratara de ramas de un árbol, existe por tanto una clara relación entre la página web y el sitio web donde se aloja.

Un sitio web como la Wikipedia transmite su pagerank, prestigio y popularidad a sus ramas –las páginas web- lo que explica por qué tantas de sus páginas web logran obtener buenos resultados.

De esta manera, como hemos visto anteriormente, una página web individual puede obtener PageRank y buenas posiciones en resultados de búsquedas incluso sin tener enlaces externos, porque si está alojada en el sitio web adecuado, recibe una transferencia de PageRank interno.

Los expertos y la literatura especializada no han hablado suficientemente de este tema, que reviste considerable importancia. El enfoque principal del análisis se ha centrado en torno a la página web individual, pero como hemos verificado, es necesario analizar también todo el sitio web en su conjunto. Google, aunque no lo reconozca claramente, lo hace.

¿Qué podemos hacer al respecto?

Queda claro que cuando lancemos un sitio web, debemos lograr que ese sitio web en su conjunto reciba una gran cantidad de enlaces externos entrantes, a diferentes páginas web. Para ello:

A) Debemos desarrollar mucho contenido original, como veremos luego, repartido en numerosas páginas web, que pueda atraer enlaces.

B) Debemos estructurar el sitio web adecuadamente, para que fluya el Pagerank. Existen numerosos sitios web que no transmiten bien el PageRank, por distintas razones, de manera que el portal principal –home- consigue un PageRank elevado pero no logra pasárselo a otras secciones o páginas del mismo sitio web.

Hay que desarrollar el sitio web correctamente, para que el Pagerank fluya a lo largo y ancho del sitio web, de forma que la página principal -donde se suele concentrar el Pagerank- refuerce a las demás páginas web, y que éstas se refuercen entre sí. Esto se puede hacer gestionando bien cuántas secciones son enlazadas desde la página principal, y a su vez cuántas páginas reciben enlaces de las secciones, etc.

No deberíamos alejar mucho las páginas web de la página principal, porque entonces reciben poco Pagerank y se secan. Idealmente, ninguna página debería estar a más de tres niveles de distancia de la página principal. Por otro lado, no debería haber "fondos de saco" o páginas en el sitio web sin salida, porque suponen una pérdida de Pagerank de retorno.

Esta optimización del Pagerank es legítima, si bien llevada al exceso es penalizable. Se trata de técnicas de escultura de enlaces o escultura de pagerank, en inglés Link Sculpting o Pagerank Sculpting. Parte de estos trucos se acabaron cuando Google cambió el flujo de Pagerank, alterando las características de los enlaces follow y no follow.

Antes, en la época dorada del salvaje oeste del SEO, si una página principal tenía cuatro enlaces internos, y tres de ellos eran nofollow, el cuarto enlace interno se llevaba todo el Pagerank. Es decir, ¡un cañonazo! Ahora eso ha cambiado, y el pagerank se divide entre todos los enlaces, sean follow o no follow. Este truco se terminó, pero todavía quedan otros que son penalizables y deberían evitarse.

C) Además, nuestra estrategia de generación de enlaces (linkbuilding) no debería centrarse en enlaces hacia una sola página web, sino que deberíamos lograr generar enlaces hacia diferentes páginas de nuestro sitio web.

Consejo 5
Crea mucho contenido original en tu sitio web (cuantas más páginas tenga indexadas en Google, mejor)

Otro factor que depende de todo el sitio web, además de la edad y los enlaces externos que llegan a todo el sitio web, es el número de páginas web de ese sitio web indexadas en Google.

Esta cifra nos dará una idea de la importancia del sitio web y la fuerza y autoridad que éste puede transmitir a una página web.

Para obtener este dato, podemos escribir en Google lo siguiente:

Site:X (nombre de dominio)

Por ejemplo, si escribimos site:elmundo.es obtenemos el número de páginas web del diario El Mundo indexadas en Google, que ahora mismo son casi tres millones.

Cantidad de páginas web del sitio "elmundo.es" indexadas en Google

En mi investigación, un 66,3% de las páginas web ganadoras -en primera posición- estaban alojadas en sitios web que tienen más de 100.000 páginas indexadas en Google. En investigaciones posteriores, este dato aumenta.

La media de páginas indexadas de los sitios web de esas páginas ganadoras es de 52.445.151. La Wikipedia sin duda contribuye a que la cifra sea tan elevada.

Pero incluso sin contar la wikipedia, observamos que la media está en 4.196.708.

En 2019 fui tutor de Juan Prieto Rico, alumno del máster oficial en marketing digital, comunicación y redes sociales citado anteriormente, quien escribió su brillante trabajo de fin de máster (TFM) acerca de factores clave de posicionamiento orgánico en el sector del juguete.

Los sitios web que alojaban a las páginas ganadoras de diferentes búsquedas relacionadas con el sector del juguete tenían de media 4.875.850 páginas indexadas en Google. Y esto sin contar Amazon, que sube la media, igual que la Wikipedia.

Quizás esta demostrada correlación no sea causal, es decir, que un elevado número de contenidos indexados en Google no genera por sí solo mejores posiciones, sino que por ejemplo genera gran cantidad de enlaces entrantes que a su vez mejoran las posiciones.

En cualquier caso, al igual que otros factores estructurales anteriores, merece más atención que la recibida hasta la fecha.

Y ante esta evidencia, ¿qué podemos hacer? Pues crear una gran cantidad de páginas web en nuestro sitio web, logrando que Google las indexe. Para ello debemos dotarlas de contenidos originales y evitar duplicados. Como norma general, cuantas más páginas indexadas tenga nuestro sitio web, mejor. Pero siempre tratando de que tengan contenido suficiente, y desde el respeto a una estrategia general que optimice cada página web para una palabra clave diferente.

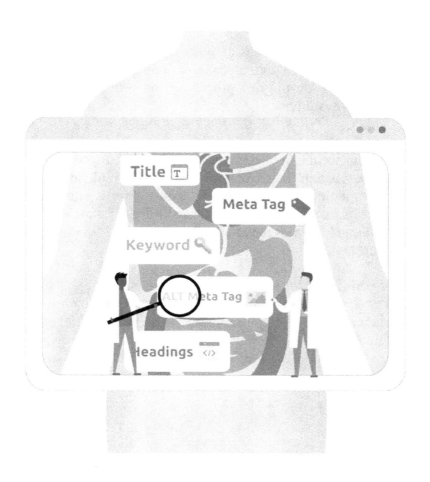

Consejos relativos
a factores internos

Vamos a detallar a continuación algunos consejos que darán a nuestras páginas web relevancia ante Google.

Se refieren a los factores de posicionamiento interno, llamadas onpage —en la página- porque dependen de la programación y contenidos de nuestra propia página web. Son factores que podemos gestionar.

Si comparamos la obtención de buenos resultados en Google con la construcción de un rascacielos, estos factores de posicionamiento internos serían los cimientos. Son una condición necesaria, no suficiente, para alcanzar la cumbre. Si nos equivocamos al construir los cimientos, que son la base del rascacielos, es muy difícil que logremos llegar alto. Pero sólo con los cimientos no lo lograremos.

Para optimizar los factores internos, tenemos que haber elegido estratégicamente cuál es la palabra-clave o las palabras-clave de cada página web. Después nos aseguraremos de que todo en esa página web, desde la meta-etiqueta título hasta la url, pasando por el contenido, está enfocado a esa palabra clave.

Consejo 6

Titula bien

Si hablamos de SEO interno, la primera gestión que debemos realizar si queremos llegar a alguna parte en Google es la relativa a la meta-etiqueta título.

La meta-etiqueta título -title meta tag en inglés- es el texto que está dentro de las etiquetas <title>...</title> en el código de una página Web. Podemos ver fácilmente la etiqueta título de cada página sin acceder al código, puesto que es el texto que aparece arriba a la izquierda en cualquier navegador al entrar en una página web.

Por ejemplo, si buscamos meta-etiquetas wikipedia en Google, encontramos en primer lugar la siguiente página web:

https://es.wikipedia.org/wiki/Etiqueta_meta

Aquí se señala la meta etiqueta <title> en un resultado de búsqueda de Google

Aquí se señala la meta etiqueta <title> en una página

Hay un consenso generalizado entre los diversos expertos acerca de lo fundamental que es la presencia de la palabra-clave en la etiqueta título de una página web para que ésta aparezca en las primeras posiciones de la búsqueda de esa palabra-clave.

En diferentes estudios, el porcentaje de páginas web ganadoras (primera posición) que contienen la palabra clave buscada en su meta-etiqueta título está por encima del 90%. El 93% en la investigación de Juan Prieto, el 93,3% (335 de 359) de mi investigación, y el 99% en el TFM de Jorge Nuques.

Hay escasas excepciones como algunas páginas web que aparecen en primer lugar para algunos animales como perro. Se trata en algunos de estos casos excepcionales de páginas de la Wikipedia, lo cual explica la anomalía puesto que es un sitio web muy potente y cuenta con un trato especialmente favorable en los resultados de Google.

Podemos concluir que Google considera fundamental este factor de posicionamiento, y que *para que una página web logre ocupar la primera posición para una búsqueda determinada es condición cuasi-necesaria que contenga esa palabra clave en su etiqueta título.*

Por tanto, si aspiramos a posicionar una página web para una palabra clave concreta, es fundamental que contenga en su meta-etiqueta título esa palabra clave.

Lo cual nos lleva a otro consejo. Si queremos posicionar nuestro sitio web para distintas palabras-clave, lo ideal es que optimicemos muchas de nuestras páginas web para diferentes palabras-clave. Como parte de esa optimización, cada una de las páginas web debe tener una meta-etiqueta-título única, adaptada a la palabra-clave específica para la que queremos posicionar esa página web.

Por ejemplo, en el sitio web de Atrapalo.com encontramos la siguiente página web
https://www.atrapalo.com/vuelos/a-barcelona_bcn.html

cuya meta-etiqueta-título es:
Vuelos a Barcelona BCN

Ese es un ejemplo de cómo gestionar adecuadamente las meta-etiquetas título.

Otros consejos relacionados:

Coloca las palabras-clave prioritarias al principio de la etiqueta-título. Si además quieres usar el nombre de una empresa, marca o el sitio web general, hazlo detrás de la palabra-clave.

Limita la extensión total de la meta-etiqueta-título a 65 caracteres (con espacio), que es lo que procesa Google.

Utiliza varias palabras-clave si es necesario, en caso de que esa página web esté optimizada para varios términos o creas que le aporta algo. Por ejemplo, un título puede ser "cintas de correr, cintas de andar" si la página web aspira a posicionarse para ambas palabras-clave.

Incorpora la intención de la persona que busca en la etiqueta, siempre que sea posible. Por ejemplo, si alguien quiere comprar una caldera de gas, el título puede ser "calderas de gas: compra e instala tu caldera"

Sé consistente a lo largo de todo el sitio web. Que todas las etiquetas-título sigan el mismo patrón en todas tus páginas web.

Consejo 7

Sigue la etiqueta

Hay otras recomendaciones relativas a las etiquetas que merece la pena seguir si queremos que una página web esté optimizada ante los ojos de Google.

La meta etiqueta de descripción es un texto que aparece sólo en el código de la página web. Al entrar en la página web, el usuario no la ve. Se supone que ese texto debe reflejar de forma sucinta de qué trata la página web en cuestión. Pero además de que lo leen los rastreadores en el código, tiene la particularidad de que ese texto es el que aparece generalmente en los resultados de búsqueda de Google. El usuario lo verá sólo en ese momento, no al entrar a la página web.

Aquí se señala la meta etiqueta descripción en un resultado de búsqueda de Google

En general se le da una importancia relativa a la meta-etiqueta descripción.

En nuestro estudio empírico, un 36,5% de las páginas web contiene la palabra clave en su meta-etiqueta descripción. Como dato cualitativo merece la pena destacar que las que más lo usan son páginas webs en primeras posiciones de palabras clave muy competitivas –viajes, vuelos, contactos, casino, ofertas, sexo, hoteles, videojuegos. Por lo que podemos concluir que las meta-etiquetas descripción tienen alguna importancia.

La página web que aspire a alcanzar destacadas posiciones en Google debería por tanto optimizar la meta-etiqueta descripción para la palabra clave objetivo –para la que quiera posicionarse.

Además de ayudar a posicionar la página web, tiene un beneficio adicional, ya que en los resultados de búsqueda la palabra clave contenida en la etiqueta-descripción aparecerá en negrita –lo cual aumenta las probabilidades de que el usuario pinche.

Por otro lado, es conveniente que la etiqueta-descripción no sobrepase los 160 caracteres que procesa Google.

Meta-etiqueta de Palabras Clave

La meta-etiqueta de Palabras Clave o Meta Keywords tag permite definir qué términos son importantes para la página Web. Debería ser colocada entre las etiquetas <head>...</head> del código HTML de la página Web.

Ejemplo: <meta name="keywords" content="palabra clave, otra palabra clave">

En mi investigación, un 26% de las páginas web contiene la palabra clave en la meta-etiqueta palabras clave –keywords meta-tag en inglés. Más de una cuarta parte de las páginas en primeros lugares usa estas etiquetas, que muchos expertos califican de obsoletas.

En 2012 Matt Cutts afirmó que Google tendría en cuenta las meta-etiquetas de palabras clave para su algoritmo de Google News, a la hora de clasificar noticias, pero ya no para el algoritmo general de páginas web. ¿Nos fiamos de lo que dice Google?

En el estudio de Juan Prieto de 2019 del sector del juguete, casi el 60% de las páginas web ganadoras usan esa meta-etiqueta, si bien ese porcentaje se reduce al 27% si quitamos los resultados de Amazon, que sí las usa.

En cualquier caso, no molesta y cuesta poco ponerla, teniendo en cuenta que asumiendo que siga contando algo, es un factor que cuenta poco por sí mismo.

Meta-etiqueta ALT

El atributo <img alt> define un texto alternativo para una imagen cuando el usuario emplea un navegador de texto o desactiva la visión de imágenes en su navegador Web. Internet Explorer muestra ese texto alternativo si el usuario pone el cursor sobre la imagen.

Es otro criterio que conviene tener en cuenta, aunque es de escasa importancia para Google.

En mi investigación, un 34,8% de las páginas web contenían la palabra clave en la etiqueta alt. En la investigación del TFM del sector del juguete el porcentaje sube al 80%, mientras que en el TFM de Jorge Nuques para el sector de los hoteles, el porcentaje es del 59%.

Si una imagen no se puede mostrar por alguna razón, el atributo ALT proporciona texto alternativo para mostrar en su lugar.

Al igual que la anterior, cuesta poco ponerla y algo aporta.

Consejo 8

*Crea contenido de calidad,
original y especializado*

Google lleva años repitiendo que el contenido es el rey
"Content is king" para determinar sus resultados de búsqueda.
Supuestamente, la mejor manera de alcanzar elevadas posiciones
es creando contenidos útiles e interesantes para los usuarios.

A sabiendas de que como ya hemos visto Google no siempre –o
más bien casi nunca- dice toda la verdad acerca de su algoritmo,
es de interés discernir si en efecto el contenido es un factor
importante, y qué características debe tener.

El contenido por excelencia es el texto de una página web.

¿Cuál debe ser su extensión ideal? ¿Cuántas palabras debe tener
el texto de la página web? ¿Puede haber una página con muy poco
texto que logre entrar en la primera posición de Google?

En mi investigación, un 81,6% de las páginas web en primeras
posiciones contienen 200 o más palabras de texto. No obstante,
es interesante comentar que había 66 páginas web -un 18,4% del
total de casos estudiados- que obtienen una primera posición en
el resultado de búsqueda y sin embargo contienen menos de 200
palabras de texto.

Hay que resaltar que 21 de estas páginas web se alojaban en el sitio
web www.wordreference.com, que tiene mucha fuerza y cuenta
por sus características con el favor de Google, que trata bien sus
resultados. Muchas de las restantes páginas web contenían la
palabra clave dentro de su nombre de dominio, lo que les daba
una fuerza adicional.

Por otro lado, un 72,1% de las páginas webs analizadas contenían más de 300 palabras. Y el 49,9% de las páginas web en primeras posiciones estaban por encima de las 700 palabras de texto.

La extensión del texto oscilaba entre las cero palabras detectadas entonces en el texto de http://www.pajareriateodoro.com/index2.htm –debido a su programación, que permitía ver texto al ojo humano pero no a las arañas de los buscadores- y las 26.942 palabras que contiene la entrada de la Wikipedia acerca de arte, http://es.wikipedia.org/wiki/Arte, que conseguía aparecer en primer lugar cuando buscábamos la palabra clave arte, hace siete años, igual que lo consigue ahora.

Debemos destacar que las 15 páginas web que más texto contenían en ese estudio eran entradas de la Wikipedia. La media de palabras por página, para todos los casos analizados, era de 2.108. Una cifra más elevada de lo esperado.

Sin embargo, a la vista de algunas páginas web que se colaban en primeras posiciones sin apenas texto –casi un 18,4% del total de casos estudiados entonces obtenían una primera posición en el resultado de búsqueda y sin embargo contenían menos de 200 palabras de texto- si el contenido es el rey, Google era entonces, a ratos, republicano. Coincidía que la mayoría de esas páginas web contenía la palabra clave total o parcialmente en el nombre del dominio.

Google se ha ido volviendo más monárquico, y esas páginas web tienen ahora más de 200 palabras, o han dejado de estar en primera posición. Las que tienen menos de 400 tienen en su gran mayoría la palabra clave en el dominio.

En estudios posteriores, la importancia de contar con un texto extenso se confirma. En la investigación de Juan Prieto, la media es 2061. Todas tienen más de 400 palabras. La que menos tenía 457 palabras.

En la investigación de Jorge Nuques, para el sector de los hoteles, la media es de 3192 palabras. En este estudio, todas las páginas ganadoras tienen una extensión de texto superior a las 200 palabras, y el 96% de los resultados tiene más de 300 palabras. Hay cuatro que tienen entre 200 y 300 palabras, y son páginas web que contienen la palabra clave total o parcialmente en el nombre del dominio.

Se trata de un hallazgo importante, puesto que algunos expertos al uso recomiendan limitar el número de palabras del texto de las páginas web, consejo que se revela, a la vista de este resultado, prescindible. Más bien habría que recomendar lo contrario, a la luz de los resultados, conviene que una página web tenga un texto extenso −siempre y cuando sea relevante, como son las páginas de la Wikipedia, y mantenga densidades razonablemente elevadas.

Queda claro que la extensión de texto no es por tanto un factor parabólico −hay un punto a partir del cual aumentar el texto es contraproducente- sino más bien lineal −cuanto más texto, mejor, siempre que se mantenga una densidad de palabra clave −esto lo veremos más adelante- adecuada.

Así lo corrobora un estudio reciente de ahrefs:

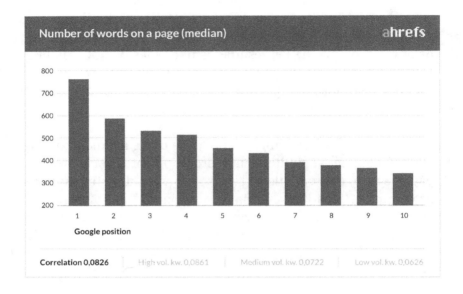

Número (promedio) de palabras en una página -vs-
Posición en Google

Otro consejo adicional

Es conveniente además que el contenido de la página web incluya algunos enlaces salientes hacia páginas web de calidad. Esto le da confianza a Google acerca de la calidad del contenido.

Es decir, de la misma manera que penaliza enlaces hacia páginas web tóxicas (Badrank), a Google le gusta que una página web enlace a lugares fiables.

Consejo 9

Escribe denso

Parece lógico pensar que Google bonificará aquellas páginas web que tengan relevancia textual para una palabra-clave determinada. Si un usuario busca *Caballos* en Google, intuitivamente esperaremos que las páginas que aparecen en posiciones destacadas contengan textos descriptivos que repiten un número de veces la palabra "caballo" o "caballos" o sus sinónimos -aunque sea un buscador textual y no realmente semántico, Google sí es capaz de procesar sinónimos como si fueran la palabra buscada.

Este criterio se denomina densidad de la palabra clave en el texto de la página, y es el resultado de dividir las veces que aparece una palabra clave concreta entre el total de palabras del texto de esa página web.

Ahora bien, lógicamente podemos pensar que el diseñador de una página web, a sabiendas de la importancia de esta relevancia textual, rellene el texto de la página de la palabra clave en la que más le interesa destacar. De esa manera, una página web de viajes a Marruecos podría poner esas palabras –Viajes, Marruecos, viajes a Marruecos- por todo el texto, de forma que se repitan multitud de veces. Esta práctica se denomina relleno de palabras clave –keyword stuffing en inglés- y está penalizada por Google.

Por tanto, aquí sí que estamos claramente ante un factor de posicionamiento de efecto parabólico. El algoritmo de Google premia una densidad razonable de una palabra clave en el texto de la página, pero penaliza densidades anormales o manipuladas.

Los expertos conocedores de la naturaleza de este factor han afirmado tradicionalmente que la densidad ideal de la palabra clave en el texto de la página oscila entre un 2% (la palabra en cuestión se repite dos veces por cada cien palabras) y un 7% (la palabra se repite siete veces por cada cien palabras).

Es de gran interés estudiar por tanto, las dos siguientes cuestiones:

a) ¿Cuál es el porcentaje ideal de densidad de palabra clave en el texto de una página web?

b) ¿Cuál es el máximo porcentaje de densidad que permite a una página web colocarse en los primeros lugares?

La respuesta aproximada a esta primera pregunta nos la dará la media de todas las páginas web en la primera posición de google para las distintas palabras clave.

Veremos si ese porcentaje está dentro de la horquilla que se baraja con frecuencia –entre el 2% y el 7%- y que podríamos considerar el consenso científico al respecto.

Las densidades máximas en las páginas situadas en las primeras posiciones nos darán la respuesta a la segunda pregunta.

En otras palabras, veremos cuáles son, con independencia de la media, las densidades más elevadas que logran situarse en los primeros lugares.

En mi investigación, la densidad media de todas las páginas web en primeras posiciones estudiadas es de 2,35% (de cada cien palabras de texto en la página web, la palabra clave se repite algo más de dos veces).

La densidad de todas ellas oscilaba entre el 0% y el 21,56%.

Entonces había sólo 11 páginas ganadoras con densidad de la palabra clave en el texto por encima del 7%. Eran las siguientes páginas web:

Palabra clave	Página web	Densidad
lengua	http://es.wikipedia.org/wiki/Lengua	7,27
mercedes	http://www.mercedes-benz.es/	7,89
gamo	http://es.gamo.com/	8,42
aries	www.euroresidentes.com/horoscopos/signos/signo-aries.htm	9,79
valencia	http://www.valencia.es/	10
moviles	http://www.moviles.com/	10,9
dosal	http://www.dosal.cl/	11,19
botin	http://www.botin.es/	12,12
empleo	http://www.empleo.com/	12,61
apartamentos	http://www.niumba.com	15,54
coliflor	http://www.arecetas.com/coliflor/index.html	21,56

De esas, las únicas que permanecen en primera posición con densidades elevadas son la entrada de lengua de la Wikipedia, el sitio web de Mercedes-Benz y gamo.com, que tiene una densidad por encima del 7% para la palabra gamo. Las tres son explicables excepciones a la norma general, ya que se trata de dos marcas y una página de la Wikipedia.

Este resultado confirma que una densidad por encima del 7% hace muy difícil o casi imposible obtener un buen resultado en Google.

Por el otro extremo, había 199 páginas web con densidades inferiores a 2% y 78 páginas web con densidades menores de 1%, que lograban la primera posición.

Podemos decir que una densidad menor al 1% dificulta lograr una primera posición en Google, aunque hay que añadir que, en determinadas circunstancias, no lo impide. **Un 75,2% de las páginas en primeros lugares tenía entonces densidades entre 1% y 7%.**

Estos datos se corroboran en estudios anteriores. La densidad media de todos ellos oscila entre 2% y 3%, contando sinónimos.

Hay más, no todos los sectores son igual, unos tendrán más densidad que otros. Un consejo sería analizar las densidades de los resultados en primeras posiciones, por ejemplo, la media de los tres primeros. Esto te dará una idea de cuál es la densidad ideal en tu sector. Puedes hacerlo con varias herramientas, una de ellas, gratuita, es la extensión SEOQUAKE que es gratuita y puede instalarse en los distintos navegadores. Sirve también para analizar otros datos, como hemos visto.

Por tanto, si quieres que tu página web llegue a las primeras posiciones, usa un texto que tenga una densidad de palabra clave de alrededor del 2%, que no sobrepase el 7% ni descienda por debajo del 1%. Por supuesto, debes tener en cuenta también el sector en el que estás, puesto que este porcentaje puede variar.

Otro consejo: usa sinónimos, le estarás diciendo a Google que tu contenido es de calidad.

Consejo 10
Usa bien los encabezados

Los encabezados o etiquetas de jerarquía (de H1 a H6) son los tipos de texto resaltados en una página web. El código HTML permite seis tipos distintos de jerarquía por encima del texto normal. Hay un consenso general en otorgar algo de importancia a que la palabra clave deseada se encuentre resaltada en estos encabezados en una página web. El uso de estas marcas específicas de encabezamiento da pistas a Google sobre lo que el diseñador considera importante.

No todos los encabezados tienen la misma importancia. Lógicamente, el H1 es más importante que el H2, y así sucesivamente.

El sitio Medium usa acertivamente un solo H1 y varios H2

Es necesario empezar por tener solamente un solo H1 en cada página, que debería reflejar la palabra clave principal para la que queremos optimizar esa página. Si tenemos dos H1 diferentes en la misma página, estamos enviando señales contradictorias al buscador, y en cierta medida también al usuario.

Las páginas que ocupan las primeras posiciones suelen contener en su H1 la palabra clave.

Puedes usar también los H2 para incluir palabras clave secundarias o terciarias. Y si tiene sentido usa otros encabezados, pero no satures la página web con encabezados innecesarios o contradictorios.

Consejo 11

Optimiza la URL

Una url, del inglés Uniform Resource Locator o localizador uniforme de recursos, es la dirección de una página web.

Por ejemplo,
http://en.wikipedia.org/wiki/Uniform_Resource_Locator

Es la url de la entrada de la Wikipedia en inglés que define lo que es una url.

Mientras que http://www.google.com/chrome?hl=es es la url de la página para descargarse la versión en español de Chrome, el navegador de Google.

Las urls son también texto, y por tanto son rastreadas por los buscadores. Cuando la palabra clave no está en el dominio principal –que es la primera parte de la url, por ejemplo www.google.com en el ejemplo anterior, es importante que esté al menos en alguna parte de la url.

En mi investigación, un 88,3% de las páginas web en primeras posiciones contienen la palabra clave en su url. En estudios posteriores, esta cifra es todavía mayor.

Al igual que ocurría con la palabra clave en la etiqueta título – recordemos que alrededor del 93% de las páginas web en primeras posiciones contiene la palabra clave en su etiqueta-título- la presencia de la palabra clave en la url de una página es por tanto prácticamente una condición sine qua non para lograr posiciones destacadas en las búsquedas de Google.

Así por ejemplo, vemos lo que hace el sitio web
www.vuelosbaratos.es

La página web que habla de vuelos baratos a Bélgica y Bruselas
es:
http://www.vuelosbaratos.es/vuelos-a/bruselas-bélgica.htm

Contiene las palabras clave de interés en su url. El sitio web tiene
una página web para cada potencial combinación de palabras
clave —vuelos a mallorca, a ibiza, a tenerife, etc.

Consejos relativos a factores externos

Una vez estudiados los factores internos, relativos a la relevancia, veremos ahora los factores que dan popularidad a una página web. Se trata de factores externos.

Consejo 12
Consigue jugo de enlaces (PageRank)

En prácticamente todos los eventos acerca de Google, posicionamiento en buscadores o SEO –search engine optimization-, se habla de un enigmático elemento: El PageRank. La barra de PageRank se hizo famosa entre los webmasters, que esgrimían con orgullo o se lamentaban de la cifra mágica que otorga a cada sitio web. Hablo en pasado porque si bien el Pagerank sigue siendo muy importante, Google ahora no lo muestra.

Pero ¿Qué es exactamente el PageRank de una página web? ¿Cómo influye en los resultados de búsqueda de Google? ¿Qué podemos hacer al respecto?

El mismo Google define PageRank como: "El PageRank se basa en la exclusiva naturaleza democrática de la web y usa su extensa estructura de vínculos como un indicador del valor de una página individual. Google interpreta un vínculo desde la página A hacia la página B como un voto de la página A por la página B."

Pero Google revisa muchos otros aspectos aparte del número de votos o de vínculos que una página recibe, puesto que también analiza la página web que emite el voto. Los votos emitidos por páginas que son en sí mismas "importantes" pesan más y ayudan a convertir a otras páginas también en "importantes". El PageRank por tanto, cuenta la cantidad de enlaces entrantes, pero además pondera la calidad de esos enlaces. Y todo eso a la vez, para todo Internet.

El concepto de PageRank emana de los mismos fundadores de Google. La idea fue revolucionaria en su momento y podemos pensar que sigue siendo el núcleo duro del ADN del algoritmo de Google.

Se considera un buen PageRank a partir de 3/10. Son muy pocos los sitios Web que poseen un PageRank por encima de 6/10. Tan sólo Google y escasísimas páginas logran el 10. En español, el portal universitario universia.es llegó a tener un PageRank de 10, mientras que los principales medios de comunicación tienen entre 6 y 9 (Elmundo.es)

Es mucho más fácil, como veremos, pasar de un PageRank de 0 a uno de 1, que pasar de 1 a 2, y así sucesivamente, puesto que la distancia entre los distintos niveles no es lineal.

Google suele actualizar el valor del PageRank cada cierto tiempo, para su uso interno, porque ya he explicado que ahora ya no lo muestra.

Los fundadores de Google explican el PageRank en detalle en un documento publicado en 1998.

Allí dicen que "uno puede pensar en un enlace como una cita académica. Por tanto, una página web importante como http://www.yahoo.com/ tendrá decenas de miles de enlaces entrantes (o citas) que apuntan a ella" (The PageRank Citation Ranking: Bringing Order to the Web, (Sergei Brin and Larry Page, 1998)

No expondremos aquí las complejísimas operaciones matemáticas que permiten calcular el PageRank de una página. Las explican Amy Langville y Carl D. Meyer, en su obra, "PageRank and beyond, the science of search engine rankings" (2006), pero bastará indicar que el PageRank depende de:

- El número de enlaces entrantes hacia la página web en cuestión
- La calidad de esos enlaces entrantes (el PageRank de las páginas que mandan el enlace)
- El número de otros enlaces salientes hacia otras páginas

en las páginas que mandan el enlace. Si la página que enlaza tiene muchos enlaces salientes, "la fuerza" de ese enlace es menor. De hecho "la fuerza" que envía una página se divide entre todos los enlaces salientes que tiene. Durante un tiempo, sólo se dividía entre los enlaces follow, pero desde que Google lo cambió -y con ello como hemos visto redujo las posibilidades de manipular el flujo de Pagerank- se divide entre todos los enlaces, sean follow o nofollow.

Para comprender mejor de qué se trata, podemos comparar el sistema de enlaces con un sistema de riego. El PageRank sería la cantidad total de agua que le llega a un campo —página web- determinado en un momento dado, a través de múltiples cañerías -enlaces. Si el agua que recibe por una cañería viene de un pantano con numerosas cañerías hacia otros campos, evidentemente llega menos agua. La calidad del agua dependerá de la calidad de los pantanos. Un sitio web, compuesto de numerosas páginas web, tiene también un sistema interno de "riego" y redistribución del PageRank —agua. Por un lado, desde el home se transfiere una cantidad considerable de PageRank a las páginas web internas. Por otro lado, cada página creada es un pequeño afluente, y cuantas más páginas tenga, más agua le llegará a la página principal del sitio web. Eso explica en parte por qué sitios web de, por ejemplo, noticias, tienen un PageRank elevado, puesto que tienen una gran cantidad de páginas y enlaces internos que fluyen hacia el sitio principal. Además cuentan con numerosos enlaces entrantes, al home y muchas de sus páginas.

También podemos pensar en el PageRank como un sistema de referencias y créditos académicos. Cuantos más reciba un autor —una página web- mejor, pero contará quién da la referencia —no es lo mismo una eminencia que otra persona mucho menos reputada- y también contará —o al menos debería contar- la facilidad con la que un experto da buenas referencias sobre la obra de los demás —en otras palabras, si cita a miles de autores o sólo a unos pocos.

¿Cuán importante es el PageRank?

Google decía una y otra vez que los webmasters y gestores de los sitios web no debían obsesionarse con el PageRank, porque es uno de muchos factores.

La realidad es que sigue siendo uno de los factores más importantes, muy posiblemente, el más importante. Para mi investigación todavía pude analizar el Pagerank publicado, y confirmar que el PageRank de una página web influye poderosamente en las posiciones de esa página en los resultados de Google. Pero ¿Cuánto exactamente? En la muestra, el 85,8% de las 359 páginas web en primera posición para distintas palabras clave tenían un PageRank de 3 o más. Es decir, 308 páginas de un total de 359. La media de PageRank (en barra) era de 4,6.

Podemos concluir por tanto que, diga lo que diga Google, para alcanzar una primera posición en sus resultados para una palabra clave es fundamental gozar de un PageRank elevado −igual o mayor de 3.

Hemos visto que el PageRank, en su formulación original, se consigue a través de los enlaces entrantes a una página web concreta. Sin embargo, algunas logran tener un Pagerank considerable sin apenas enlaces entrantes externos. Lo consiguen al estar alojadas en sitios web que reciben numerosos enlaces entrantes externos. Vemos por tanto que esas páginas reciben flujos de PageRank internos, que provienen de sus propios sitios web.

También sabemos que existen otros factores, además del número de enlaces entrantes a la página y del trasvase interno de enlaces, que afectan el PageRank.

Consejo 13
Consigue que confíen en ti - Trustrank

Aquí es donde entra el denominado Trustrank, que es un sistema ideado originalmente por la Universidad de Standford y Yahoo! (descrito en este estudio[8]), para combatir la basura –spam- en Internet, y poder distinguir entre buenos y malos enlaces.

Se trata de elegir una serie de sitios web con buena reputación, y diseñar una forma de darles automáticamente más peso a los enlaces que provengan de ese selecto "club" de sitios web. Sabemos que Google incluye dentro de su cálculo de PageRank –o en paralelo a él- un componente de TrustRank que depende de la calidad de los sitios web que enlazan una página web determinada. Eso explicaría en parte por qué las páginas de la Wikipedia tienen en su inmensa mayoría, -incluso las que no disfrutan de numerosos enlaces externos- un elevado PageRank y obtienen excelentes posiciones en resultados de búsqueda. Google les da a todas ellas "un empujón" en sus resultados, porque se fía de la Wikipedia, y además por otro lado el sitio web descuella en varios factores estructurales como son la edad, el número de páginas indexadas y el número total de enlaces que recibe.

El consejo – como veremos más adelante – es clave. Es necesario conseguir enlaces de calidad desde sitios web de los cuales Google "se fía".

---

[8] http://ilpubs.stanford.edu:8090/770/1/2004-52.pdf

Consejo 14
Huye de las malas compañías - BadRank

En el extremo conceptual opuesto del PageRank –le afecta negativamente- nos topamos con el BadRank. Si el PageRank de nuestra página web concreta sube cuando recibe enlaces desde otras páginas web, que nos transfieren parte de su propio PageRank, el BankRank funciona de manera muy distinta. Se basa en los enlaces que nosotros colocamos en nuestra página web, hacia páginas web que Google considera indeseables. El buscador penaliza los enlaces que nosotros colocamos desde nuestra página –que controlamos- hacia esos "indeseables". Eso es el BadRank, que sin duda disminuye el PageRank de una página web concreta. El BadRank es por tanto consecuencia de enlazar desde nuestra página web hacia "los malos vecindarios" de internet –que a su vez tienen un BadRank elevado. Google nos penaliza por asociar nuestra página web con los malos.

Cuando ponemos un enlace en nuestra página web hacia una página web de elevado BadRank, parte de éste flujo negativo nos vuelve a nosotros.

Es probable que Google calcule el BadRank y el PageRank por separado, y luego, de alguna manera, reste aquél a éste - o los divida.

La prueba de que el BadRank existe nos la da un considerable número de páginas web que reciben un PageRank de 0, a pesar de disfrutar de numerosos enlaces entrantes externos e internos. De alguna manera ese PageRank positivo se neutraliza con BadRank negativo.

Si tuviéramos que reducir todo esto a una formula, podríamos decir que:

$$PRf = PRi * TR - BR$$

Donde: PRf = PageRank final, PRi = PageRank inicial (número y calidad de enlaces), TR = TrustRank y BR = BadRank

Es decir que a la hora de calcular el PageRank, Google analiza profundamente la calidad de los enlaces que recibe una página web y también de los enlaces que esa página envía a otras páginas web.

Además, desde hasta tiempo Google también penaliza los enlaces que podamos recibir de piratas, spammers u otros parias de Internet –aunque no sea estrictamente culpa nuestra. Esto ha provocado un efecto perverso que hay que tener en cuenta. Se trata del SEO negativo, una mala práctica que consiste en enlazar a propósito desde sitios web "malos" a un sitio web de la competencia. Con frecuencia son sitios web alojados en China y Rusia. En ocasiones nos hemos encontrado clientes que han sufrido en sus carnes esta mala práctica, que puede influir muy negativamente. Tiene remedio. Debemos analizar en detalle cuáles son todos esos enlaces y pedirle a Google que no los tenga en cuenta, de nuevo a través de Search Console.

PageRank de 0 a 10 versus PageRank real

Hay que tener también en cuenta que el número del 0 a 10 de PageRank reflejado en el medidor de esta famosa barra de Google no es aritmético, sino exponencial o logarítmico. El Pagerank que se mostraba en la barra, como valor entre 0 y 10 era una simplificación que realizaba Google del Pagerank real, que es un número muy superior, puesto que tiene un factor exponencial – vamos a asumir que es 8, aunque no lo sabemos a ciencia cierta. Dicho de otra manera, del 1 al 2 de Pagerank en la barra de Google, hay ocho veces más "fuerza".

Los valores de PageRank real quedarían como siguen:

PageRank en barra	PageRank Real
0	0,15 a 1,2
1	1,2 a 9,6
2	9,6 a 76,8
3	76,8 a 614,4
4	614,4 a 4.915,2
5	4.915,2 a 39.321,6
6	39.321,6 a 314.572,8
7	314.572,8 a 2.516.582,4
8	2.516.582,4 a 20.132.659,2
9	20.132.659,2 a 161.061.273,6
10	161.061.273,6 a infinito

Tabla del autor que muestra el PageRank de la barra de Google y su equivalente real, asumiendo un factor 8

Con esos datos, podemos asociar a cada número de PageRank en barra un número de PageRank real, calculado como la media de la horquilla en cada caso. De esta forma nos quedaría como sigue:

PageRank en Barra	Valor de PageRank Real (promedio)	PageRank Real
0	0,675	0,15 a 1,2
1	5,4	1,2 a 9,6
2	43,2	9,6 a 76,8
3	345,6	76,8 a 614,4
4	2764,8	614,4 a 4.915,2
5	22118,4	4.915,2 a 39.321,6
6	176947,2	39.321,6 a 314.572,8
7	1415577,6	314.572,8 a 2.516.582,4
8	11324620,8	2.516.582,4 a 20.132.659,2
9	90596966,4	20.132.659,2 a 161.061.273,6
10	*	161.061.273,6 a infinito

Tabla del autor que muestra el valor promedio de PageRank real para cada valor de PageRank de la barra de Google.

Veamos qué ocurre si sustituimos el valor de PageRank en barra por ese valor promedio de PageRank real, en cada uno de los 359 resultados de nuestra investigación.

La media de PageRank real, calculado de esta manera, es de 645.802,3. Como vemos en la tabla anterior, este valor entra dentro de la casilla de PageRank real de 7. Es lógico que así sea, puesto que al tener una base de 8, los PageRank superiores elevan la media —que es de 4,6 para PageRank en barra y 7 para PageRank real.

Correlaciones de la variable PageRank real

Sabemos que la variable de PageRank real guarda relación positiva con el número de enlaces entrantes a la página web y al sitio web. También con la edad del sitio web donde se aloja la página. A más edad, más PageRank. Ora porque recibe más enlaces entrantes conforme pasa el tiempo, ora porque en el cálculo de PageRank, Google considera no sólo los enlaces entrantes sino también la antigüedad del sitio web, como factor de confianza, así como la antigüedad de los enlaces.

Consejo 15
Consigue que te enlacen

Como hemos indicado anteriormente, el número de enlaces entrantes externos que recibe una página web es la base de su PageRank y el más importante de los factores de posicionamiento denominados externos –en inglés, off-page –fuera de la página web.

Por enlaces entrantes entendemos los enlaces, vínculos o hipertextos de otras páginas web que llevan a la página web que estamos analizando.

El instituto SEOmoz, especializado en técnicas de optimización de buscadores (SEO), realiza un estudio basado en entrevistas a expertos de todo el mundo acerca de los elementos más importantes de los algoritmos de los buscadores. Realiza entrevistas a una gran cantidad de expertos y por otro lado lleva a cabo un análisis estadístico de resultados.

En su último estudio (fuente: http://www.seomoz.org/article/ search-ranking-factors#ranking-factors), de 2015, tanto los expertos como el estudio concluían que los factores más importantes de posicionamiento en Google eran la cantidad y calidad de los enlaces entrantes –en inglés External Link Popularity (quantity/quality of external links)- a la página web.

Si vamos a nuestra investigación, la media era de más ochenta y tres mil -83.243- enlaces entrantes hacia cada página web que ocupa la primera posición, por lo que podemos concluir que a priori se necesitan un elevado número de enlaces entrantes para lograr la primera posición en los resultados de Google para una palabra clave determinada.

¿Y qué podemos hacer al respecto?

Ya sabemos la importancia que tiene el PageRank de una página web para que logre obtener posiciones destacadas en Google. Y sabemos que está relacionado con el número de enlaces que recibe. Y bien, ¿qué podemos hacer al respecto?

Enlaces, enlaces, enlaces

Por un lado, tenemos la certeza de que cuantos más enlaces reciba nuestra página web, mucho mejor. Más alto será el PageRank, y las posibilidades que tiene esa página de alcanzar posiciones destacadas en los resultados de búsqueda. No obstante, hay que tener en cuenta una serie de criterios.

Para empezar, es fundamental que la página web que nos envía el enlace esté indexada en Google. Si no lo está, ese enlace no cuenta.

En segundo lugar sabemos que la página web que nos enlaza no debería estar alojada en un sitio web "tóxico" o de lo contrario Google nos penalizará.

En esas condiciones, es importante conseguir, de una y mil maneras, todos los enlaces que podamos.

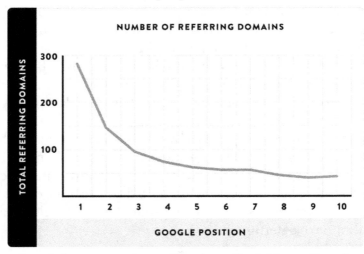

Dominios que envían enlaces -vs- Posición en Google

Generación de enlaces (Linkbuilding)

Aquí entra el famoso término de linkbuilding, es decir construcción o generación de enlaces.

¿Cómo conseguimos enlaces? Lo primero que debemos hacer es solicitárselos a todos nuestros conocidos y amigos. Parece obvio, pero hay quien no lo hace.

¡Pide a todas las personas que conozcas que tengan acceso a alguna página web que te enlacen!

Después de eso, tenemos que lanzar una estrategia coherente de "linkbuilding" o lo que es lo mismo, de obtención de enlaces.

1) **Enlaces de directorios.** Obtener enlaces de directorios, ya sean de pago o gratuitos, es una vieja —en términos relativos, claro- estrategia de obtención de enlaces. Su eficacia es, hoy por hoy, bastante limitada. No diré que nula, pero casi, puesto que Google hace tiempo que le ha quitado fuerza a los enlaces de directorios. Las únicas excepciones son enlaces de directorios muy reputados, que le sirven a Google de referencia, porque son directorios editados por humanos —la inclusión en esos directorios no es automática, sino que hay un proceso de selección y verificación. Algunos directorios de prestigio son de pago. Por ejemplo, Yahoo tenía un directorio muy prestigioso, que está ahora mismo inactivo. Yelp es un ejemplo de directorio local importante que sigue funcionando.

2) **Escribir.** Una buena manera de conseguir enlaces es escribir artículos u otras publicaciones sobre temas interesantes, y agregarles un enlace en alguna parte del texto. Hay una serie de sitios web que reproducen artículos, o entradas de blog, y que por tanto generan enlaces. También aquí Google ha ido espabilando, y quita fuerza a los enlaces que se generan de esta manera, aunque todavía cuentan algo.

3) **Producir videos, aplicaciones, extensiones u otros contenidos.** Con la misma lógica que los artículos u otros textos, si producimos contenidos interesantes podremos generar enlaces hacia nuestro sitio web, siempre que esos contenidos contengan el hipervínculo apropiado hacia nuestra página web. Es lo que denominan linkbait en inglés, es decir, "anzuelos de enlaces", que se lanzan con la intención de que su distribución entre una gran cantidad de usuarios genere enlaces hacia nuestra página web.

4) **Gestión de intercambio de enlaces.** Raro es el contacto administrativo de un sitio web que no ha recibido un correo electrónico solicitando un intercambio recíproco de enlaces. Se trata de una propuesta de trueque, a menudo automatizada. Tú me enlazas a mí, yo te enlazo a ti y todos tan contentos. Google sin embargo hace tiempo que sabe que se trata de un trueque, y resta valor a los enlaces recíprocos de características semejantes, que "huelen" a intercambio de enlaces.

5) **Noticias**. Una forma de generar enlaces es a través de la generación de noticias. Escribimos una nota de prensa e intentamos que la publiquen los medios relacionados con la noticia o las agencias de noticias. También podemos publicarla en plataformas de pago de difusión de noticias.

6) **Comentarios.** Podemos escribir comentarios que incluyan enlaces entrantes en foros, blogs, noticias, etc. El valor de estos comentarios es reducido, pero siguen siendo indexados por Google y por tanto cuentan.

7) **Comprar.** Google prohibe la compra de enlaces. Mientras haya quien los venda, habrá quien los pueda comprar. Es verdad que ellos mismos han incumplido esa política en el pasado, por ejemplo en 2012, cuando el equipo de publicidad de Chrome – propiedad de Google- compraba enlaces a la página de descargas de navegador hasta que fue descubierto y penalizado por el

mismo Google tras el escándalo que se montó. También es cierto que es muy difícil que Google detecte esta práctica, que es muy común. Sin embargo, mi obligación es prevenir de los riesgos que entraña, porque si Google la detecta, puede castigar al infractor.

Cantidad y calidad

Ya hemos visto que cuantos más enlaces generemos, mucho mejor. Sin embargo, debemos ser conscientes de que la calidad también cuenta. Por un lado, los enlaces de mayor calidad nos pasarán más PageRank. Por otro lado, hay enlaces que transmiten autoridad, credibilidad, confianza, porque tienen un elevado TrustRank. Cuando recibimos un enlace de un sitio web con elevada reputación, esto nos transfiere a nosotros también parte de esa reputación positiva.

El texto-ancla es fundamental

Además del número y la calidad de los enlaces, es fundamental prestar atención al texto asociado a esos enlaces, es decir, al texto-ancla -**Anchor Text** en inglés- que es el texto visible en un enlace de una página web. Es aquel que nos encontramos generalmente en color azul y que se puede pinchar.

Google asociará una página web con el texto-ancla de los enlaces que esa página web recibe. Por ejemplo, si ahora mismo buscamos en Google: **Pulsa aquí**

Aparece en posición destacada de los resultados la página web: https://www.axa.es/seguros-coche.

Una página web con información detallada de los seguros para coches que ofrece la empresa AXA.

A priori, esa página web tiene escasa relevancia para la búsqueda, y no está optimizada, en ninguno de los criterios que hemos visto, para esa palabra clave.

¿Por qué está en primeras posiciones?

Porque muchas páginas web que enlazan hacia esa página web, y en esos enlaces dice "pulsa aquí"

Google procesa esos enlaces, y asocia la página con el texto de los mismos.

Es lo que explica el concepto de "bombas Google".

¿Qué es una bomba Google o Google bomb?

Es una acción concertada por un número de informáticos que permite colocar ciertas páginas web en los primeros lugares de los resultados de una búsqueda en Google utilizando una palabra clave determinada. Se consigue incluyendo enlaces a la página web objeto del "Google bomb" en el mayor número de páginas distintas posibles, de manera que el texto del enlace sea el criterio de búsqueda –palabra-clave- deseado.

Como tantas otras cosas inherentes a Google, la empresa afirma haber resuelto el problema en enero de 2007. Pero no es así. Hay bombas Google y las habrá, aunque sea ahora más complicado lograrlas.

Hay evidencia de muchas bombas de Google posteriores a enero de 2007. Entre las recientes, destacar que en julio de 2018 para la búsqueda "idiot" aparecían imágenes del actual Presidente de EEUU, Donald Trump. En noviembre de 2018 y agosto de 2019, para la búsqueda *bhikhari* (palabra que significa vagabundo en los idiomas Hindi y Urdu, aparecían imágenes del primer ministro de Paquistán, Imran Khan. En febrero de 2019, para la búsqueda "best toilet paper in the world" aparecía la bandera de Paquistán.

Vemos por tanto que por mucho que Google refine su algoritmo, hay elementos inherentes que no pueden cambiar. Las bombas siguen existiendo y existirán.

Lo que sí es indudable es que Google en la actualidad puede detectar patrones ilógicos o antinaturales de textos ancla, si por ejemplo procesa repentinamente una gran cantidad de enlaces que tienen exactamente el mismo texto ancla.

Es conveniente por tanto, cuando estemos tratando de lograr enlaces hacia nuestra página web, que éstos tengan textos-ancla variados. Pueden ser sinónimos –Google lo procesa adecuadamente- o variaciones del mismo texto, a través de frases distintas, pero no es conveniente generar una gran cantidad de enlaces con exactamente el mismo texto ancla.

Por ejemplo, en caso de querer promover la página principal del sitio web de una agencia de viajes especializada en Marruecos, en lugar de conseguir una gran cantidad de enlaces con el texto-ancla "viajes a marruecos", es preferible conseguir enlaces que contengan distintos textos-ancla: "viajes a marruecos", "viajes en marruecos", "viajar por marruecos" "viaja a Marruecos", "encuentra el mejor viaje a Marruecos", "los mejores viajes a Marruecos", "viajes", "Marruecos", etc. Google verá con buenos ojos este patrón de textos-ancla, y por el contrario, sospechará si de repente procesa una gran cantidad de enlaces hacia esa página web con exactamente el mismo texto-ancla "viajes a Marruecos".

Ubicación del enlace dentro de la página

Por otro lado, es cada vez más importante la ubicación de un enlace dentro de una página web. No cuentan igual los enlaces situados en partes destacadas de una página web que los enlaces situados en la parte final, al pie de página. La parte más noble de una página, ante los ojos de Google es la parte superior izquierda. Igualmente, un enlace contextual, que esté dentro de un texto tendrá más naturalidad y validez, a priori, que uno que aparezca aislado, al margen del texto principal de una página web.

Fases, plazos y escalas

Igualmente, Google analiza el factor tiempo en los incrementos de enlaces hacia un sitio web, de forma que sospechará –y penalizará- aquellas páginas web que reciban repentinamente una gran cantidad de enlaces. De esta manera trata de prevenir la compraventa masiva de enlaces. Además de que comprar enlaces está prohibido por Google, comprar un gran número de enlaces de golpe es una idea particularmente mala, porque es probable que Google lo detecte.

Igualmente, si Google observa una disminución repentina del número de enlaces hacia un sitio web, sospechará que se trata de alguien que está jugando sucio, y actuará en consecuencia.

Edad de los enlaces

Otro factor importante es la edad de los enlaces. Los "spammers", que son aquellos sitios web que quieren engañar a Google, crean una gran cantidad de páginas web y enlaces repentinos. Como consecuencia de ello, Google desconfía de las páginas web alojadas en sitios web nuevos –eso ya lo hemos visto- pero además también desconfía de los enlaces nuevos. Por el contrario, favorece los enlaces que tienen una antigüedad superior a un mes, especialmente aquellos que tienen más de seis meses.

De este proceder de Google se derivan varias conclusiones y consejos.

1) No deben cambiarse los enlaces que apuntan a una página web desde hace tiempo, a no ser que tengamos una muy buena razón para hacerlo.

2) Google funciona siempre con algo de "retraso" respecto a la gestión de enlaces. Si los generamos hoy, veremos los efectos dentro de uno, dos, tres o más meses. Igualmente, si quitamos unos enlaces, la inercia favorable durará un tiempo, y los efectos no serán inmediatos.

3) Otro consejo es evitar la práctica conocida como linkchurning –que se traduciría como revuelco o batido de enlaces- que consiste en hacer y deshacer enlaces automáticamente. De esa forma los enlaces no adquieren antigüedad, y por tanto no gustan a Google.

Distribución de Pagerank de los enlaces

Es necesario además que los enlaces que recibe una página web provengan de páginas siguiendo en su conjunto un patrón de distribución de PageRank lógico. ¿Qué quiere esto decir? Pues que en Internet hay una distribución natural del PageRank entre las distintas páginas web. Por ejemplo, hay muchas más páginas web que tienen un PageRank de 0 o 1 que páginas web que tienen un PageRank de 2 o 3. Y así sucesivamente, habiendo muy pocas de 7, 8, 9 o 10. Si, por ejemplo, una página web recibe una gran cantidad de enlaces con elevado PageRank -5 en adelante-, y muy pocos desde páginas web de PageRank bajo, entonces es probable que los enlaces −o una parte considerable de ellos- hayan sido comprados. Google se "olerá este pastel". Y le hará de todo menos gracia.

Es necesario, por tanto, generar enlaces que sigan una pauta lógica, desde el punto de vista del PageRank, y evitar generar un número de excesivo de enlaces de PageRank elevado sin un contrapeso de enlaces de PageRank bajo.

Cómo evaluar un enlace potencial

Si queremos evaluar la conveniencia de conseguir un enlace desde una página web concreta hacia una de las nuestras, es conveniente repasar lo siguiente:

1) El PageRank de la página web donde estará el enlace hacia nuestra página web.

2) El número de enlaces salientes de la página web que nos enlazaría. Cuanto más tenga, menos PagaRank pasará a la nuestra.

3) La autoridad y fiabilidad del sitio web principal de la página web desde donde enlazarán hacia nuestra página web

4) La relevancia que tengan el sitio web en general y el contenido específico de la página web que nos enlanzaría, respecto al tema de nuestra página web. Si hablan de lo mismo, interesa más.

5) La parte de la página donde aparecería el enlace hacia nuestra página web.

6) La calidad de los enlaces próximos a ese lugar

7) El texto contextual que estará vinculado con el enlace.

También nos pueden ayudar indicadores de herramientas, por ejemplo los que hemos visto anteriormente de SEMrush, que nos dirán la confianza y autoridad de la página y el dominio.

Otros Consejos

Consejo 16
Si eres social, mejor

Además de todos los factores explicados hasta ahora, que son los principales, hay otros factores que Google también tiene en cuenta. Por el momento tienen relativamente poca importancia, pero va en aumento.

Google está permanentemente tratando de aumentar la utilidad de sus resultados de búsqueda. Cuando percibió, a principios de 2010, la inexorable importancia de las redes sociales, comenzó a tenerlas en cuenta como "señales" de clasificación en sus resultados. En Diciembre de 2010, Google comentó oficialmente que ya tenía en cuenta las principales redes sociales. El 24 de febrero de 2011, la actualización llamada Panda confirmó que es así. Esta tendencia ha continuado.

Las redes sociales por tanto inciden doblemente en los resultados de Google:

A) Por un lado como enlaces, tienen la misma validez que un enlace en circunstancias semejantes. Las redes sociales generan gran cantidad de enlaces hacia una página web, aunque al provenir del mismo sitio web −por ejemplo de Twitter, Google les da una importancia limitada.

B) Señales. Los distintos indicadores sociales le sirven a Google para saber si una página web tiene importancia social. También para saber si tiene "frescura", característica especialmente relevante para algunas búsquedas, a las que Google incluye un componente llamado QDF −"query deserves freshness" en inglés, que puede traducirse en español como "la búsqueda merece frescura". Se trata de búsquedas que son noticiosas o tienen muchos cambios − un personaje famoso, un resultado deportivo, etc. En principio, la fuerza de una "señal" es mucho menor que un enlace, porque una señal es mucho más fácil de emitir -cuesta mucho más esfuerzo colocar un enlace en una página web que hacer clic en una red social. Por eso Google ha dicho que la interacción en redes sociales –compartir, me gusta, etc.- no es un factor directo de clasificación. Esto significa precisamente eso, que un "me gusta" en una red social no equivale a un enlace. Por contra, Bing dice que sí lo considera como un factor directo.

Si analizamos un estudio reciente de Cognitive SEO, vemos que sí hay una relación positiva entre la presencia, actividad e interacción en redes sociales (compatir, comentar, me gusta) y la posición en Google.

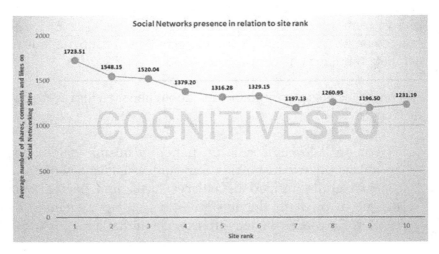

Interacciones en RRSS -vs- Posición de los sitios web en Google.

Y por otro lado, el informe de Searchmetrics acerca de factores de posicionamiento también es claro. Hay una correlación positiva entre las señales sociales y la posición en Google.

Es posible que esta correlación no sea causal. Es decir que las redes sociales den visibilidad a una página web, lo cual genera más enlaces hacia ella, y por tanto mejora su clasificación.

¿Y en la práctica que podemos hacer?

Lo primero de todo, es necesario optimizar nuestros perfiles en las redes sociales. Conviene asegurarnos de que proyectamos una imagen coherente en las diferentes redes, con descripciones y enlaces relevantes.

También debemos conseguir una gran cantidad de seguidores para ampliar el alcance, y publicar con elevada frecuencia, adaptada a cada red social.

Nos ayudará usar titulares con potencialidad de convertirse en virales, así como videos e imágenes.

Buzzsumo nos puede decir qué le ha funcionado a nuestra competencia, qué es lo que ha generado más interacción.

Hashtags

La gente pregunta con frecuencia si los hashtags ayudan a mejorar resultados en Google.

La respuesta es que sí. ¿Por qué? Porque los hashtags equivalen a palabras clave. Te ayudan a organizar contenidos y a los usuarios a encontrar tu contenido. Lógicamente el uso de los hashtags varía de una red a otra. Por ejemplo en Instagram están por todas partes.

Consejo: Optimiza tu sitio web para la interacción en redes sociales.

Crea contenido de calidad, fácilmente compartible, y optimiza las palabras clave, los titulares, las imágenes, videos, texto y las llamadas a la acción. Por supuesto es conveniente añadir los botones de las redes sociales en el contenido, porque facilitan la interacción. Como sabemos, los videos pueden insertarse en la página principal de Google, si tienen suficiente relevancia.

En resumen:

- Nombra y conecta tus contenidos con influyentes (influencers).
- Responde a las reseñas, comentarios u otro tipo de interacción.
- Participa en las conversaciones.
- Publica con frecuencia, como ya hemos dicho esto es clave.

Redes sociales

Si hablamos de cada una de las redes sociales ¿Cuáles son las más importantes para Google?

Twitter

La primera red social a considerar debe ser Twitter. Google considera una señal social los enlaces desde un tuit, en Twitter. Google dijo en un artículo - http://searchengineland.com/what-social-signals-do-google-bing-really-count-55389 - que tiene en cuenta los enlaces desde Twitter —no dejan de ser enlaces. Sin embargo, ha dejado entender que tiene en cuenta también la autoridad de quien emite el tuit, en algunos casos. Los criterios para medir esa autoridad son:

- El número de seguidores relevantes
- Autoridad de seguidores relevantes
- Número de retuiteos de ese tuit
- Número de listas relevantes en las que aparece el usuario
- Número de menciones
- Ratio de seguidores/seguidos en Twitter

¿Cuál es la importancia real de Twitter?

Ya en febrero de 2011, un tuit de SmashingMagazine enlazaba a la guía SEO –search engine optimization- de SEOmoz, una empresa especializada en posicionamiento en buscadores. Una semana después se percataron de que la página web donde se aloja la guía alcanzaba la cuarta posición para la búsqueda "guía de principiantes" en Google en inglés. Aunque nunca sabremos cuántos enlaces fuera de Twitter consiguió darle a esa página el tuit. Es decir, no sabemos si el impacto fue directo o indirecto, pero se produjo. Hay otros ejemplos.

Además, a la hora de escribir este libro, Google vuelve a insertar en la primera página de algunas palabras clave los tuits más recientes, por ejemplo, de políticos famosos cuando los buscas. Ya fue así en el pasado y se cambió, pero muestra las buenas relaciones que existen entre ambas empresas.

Facebook

En principio Facebook podría tener la misma importancia que Twitter para los resultados en Google, y sin embargo no es así.

El problema es que, a diferencia de Twitter, cuyos tuits son accesibles, Facebook permite a los usuarios niveles de privacidad que ocultan una gran cantidad de datos a Google. Para obtener esos datos, el buscador debería tener un acuerdo especial con Facebook, como el que tiene el buscador rival de Microsoft, Bing. Pero como Google y Facebook se llevan mal, pues Google no tiene acceso a la mayor parte de los datos de Facebook. Esto podría cambiar en el futuro, pero actualmente es así. Por el momento la incidencia directa de Facebook en los resultados de Google es limitada. No obstante, Facebook sigue teniendo un papel importante, aunque indirecto, puesto que sirve para generar tráfico y enlaces hacia tu sitio web, y para promover sus contenidos.

Google +

Es una pena que Google haya dejado morir su red social, Google +, en lo que supone uno de los pocos fracasos de la compañía. ¿Por qué? Porque uno de los secretos del posicionamiento en buscadores era que Google+ funcionaba muy bien para mejorar los resultados de las búsquedas.

Google lógicamente tenía total acceso a los datos de Google +, su red social lanzada en 2011 para competir con Facebook. Al igual que con Twitter, Google tenía en cuenta no sólo los enlaces que provenían de su propia red social, sino también una serie de "señales", como eran los +1 (el equivalente a "me gusta" en facebook), o los comentarios. Y podemos pensar que también tenía en cuenta la autoridad de quien recomienda un enlace -cuál es su influencia, cuántas recomendaciones hace, cuántos amigos tiene, etc. También es posible que Google tuviera en cuenta la hora a la que se genera el enlace, la ubicación geográfica de la persona que lo genera, y el texto próximo al enlace.

Sparks era una utilidad de Google+ que ofrecía a los usuarios contenidos de acuerdo a sus intereses. Es algo parecido a las famosas Alertas de Google, puesto que permite ver las últimas noticias sobre algún tema concreto. No se sabe cómo Google elige el contenido que muestra en Sparks, pero podemos deducir que esos contenidos, sin duda, tenían una fuerza adicional en los resultados de búsquedas.

Por otro lado, es muy posible que Google usara los +1s de Google+ como una señal de clasificación. Google le daba un empujoncito en sus resultados a las páginas web que han recibido +1s, es decir, recomendaciones de usuarios.

YouTube

Otra red social importante para Google es YouTube —por cierto, propiedad del mismo Google. En este caso nos encontramos con tres dimensiones. Por un lado, en YouTube podemos generar enlaces hacia nuestras páginas. Por otro lado, podemos pensar que la presencia en YouTube emite una señal social. Finalmente, si logramos optimizar un video en YouTube podríamos conseguir, en algunas ocasiones, que Google lo inserte en su primera página de resultados. Recordemos que con la búsqueda universal, inserta desde 2007 videos, imágenes y noticias en los resultados de páginas web de Google.

Y ¿Cómo podemos optimizar un video en YouTube? Debemos tener en cuenta el título del video, la descripción, el archivo, los enlaces que recibe, el nombre del archivo y además, el número de visitas que ese video recibe, algo que dificulta el posicionamiento de videos.

Instagram

Esta red social ha crecido enormemente en los últimos años, especialmente en sectores como la moda, y también debe incorporarse a la estrategia general de posicionamiento en buscadores, si bien el número de enlaces que pueden generarse desde ella es limitado. Pero como ocurre con Facebook, puede tener efectos indirectos muy beneficiosos para la optimización en buscadores.

La recomendación práctica que se deduce de la importancia de redes como Twitter, Facebook, Instagram o YouTube, como ya hemos visto, es, entre otras cosas, que debemos colocar en nuestras páginas web una aplicación que enlace con ambas redes sociales, y facilite la interacción.

Consejo 17
Maximiza tu Rankbrain
(comportamiento del usuario)

En Octubre de 2015, Google anunció en los medios que había lanzado un nuevo programa de inteligencia artificial, bautizado como "RankBrain". En concreto dijo:

"Durante los últimos meses, un sistema de inteligencia artificial, llamado RankBrain, ha interpretado una gran parte de las millones de búsquedas por segundo que la gente busca en el buscador de la compañía"

Ya entonces se sabía que Google tenía cada vez más en cuenta varios factores relacionados con la usabilidad y el comportamiento del usuario. Esta noticia, sin embargo, fue un paso adelante.

Por si no estaba claro, en septiembre de 2017, Nick Frost, responsable de Google Brain en Canadá, reconoció en una conferencia que varios factores de RankBrain estaban incorporados al algoritmo.

Además de las redes sociales, Google obtiene señales a través de la medición de pautas de comportamiento de los usuarios en Internet, que le ofrecen valiosa información. Por ejemplo, la tasa de salida –bounce rate en inglés- mide el porcentaje de visitantes a una página web que salen tras entrar en ella sin navegar por el resto de las páginas de ese sitio web.

Si dos páginas web empatadas en todo lo demás, para una palabra clave concreta, muestran gran diferencia en la tasa de salida, Google colocará en cabeza a la que menor tasa de salida tiene, porque demuestra que es más útil para los usuarios. Lo mismo ocurre con el tiempo de navegación.

La ventaja de estas señales de uso es que todos los usuarios las emiten, por lo que Google tiene una gran cantidad de información a su disposición.

Por ejemplo, si un usuario quiere comprar flores, busca "flores para San Valentín", entra en una página web, navega durante 10 minutos, y compra, ese usuario ha tenido una experiencia positiva. Si el mismo usuario ha entrado antes en otro resultado de búsqueda, y sólo ha durado 3 segundos en esa otra página web, todo indica que no era lo que buscaba. Google premia el primer caso en sus resultados de búsquedas.

¿Cómo consigue Google datos de comportamiento de usuarios?

El buscador obtiene datos a través de las numerosas fuentes de las que dispone:

• Resultados de búsquedas. Por ejemplo si un usuario pincha en el segundo resultado en lugar del primero, para una búsqueda concreta, puede ser una señal de que para esa búsqueda la segunda página web es más útil que la primera.

• Google Chrome. El navegador de Google tiene una cuota de mercado cada vez mayor. A través de Chrome, Google obtiene una gran cantidad de datos detallados de navegación.

• Publicidad. Tanto Adwords como Adsense informan a Google de algunos datos de navegación.

• Android. El sistema Android de Google tiene una cuota de mercado en móviles superior al 50% en numerosos países. En España es mucho más elevada. Google obtiene por tanto datos de navegación de usuarios de móviles.

• Aplicaciones Google. Programas como Google Docs y otros semejantes suministran datos agregados a Google.

• Google Analytics: Hay una gran cantidad de sitios web que tienen instalada la herramienta Google Analytics, que es muy útil para los usuarios –y también para Google, al recibir los datos agregados.

- Google Reader. Uno de los sistemas de RSS más populares del mercado, permite a Google recabar datos de usuarios.

Como vemos, no le faltan a Google fuentes de información propias.

Y además, por si todo esto fuera poco, en ocasiones Google ha utilizado datos de fuentes ajenas. En julio de 2012, Google y la Comisión Federal del Comercio estadounidense (FTC, sus siglas en inglés) acordaron que la empresa del buscador pagaría una multa de 22,5 millones de dólares (17,6 millones de euros) para cerrar un caso de procesamiento indebido de datos de navegación. Todo empezó cuando Jonathan Mayer, investigador de Stanford Research Systems descubrió un código de programación de Google que espiaba a los usuarios de Safari, el buscador de Apple. El software espía permite monitorizar las actividades de los usuarios, de forma que conseguía datos útiles para el envío de publicidad. Google aseguró entonces que usaba una conocida funcionalidad de Safari pero siempre "con el consentimiento de los usuarios" y que las "cookies" "no recababan información personal". La juez y la FTC dejaron claro que Google y las otras empresas de publicidad habían invadido la privacidad de millones de usuarios del navegador Safari de Apple indebidamente, a través de este código de programación. De esa manera, Google y otras compañías de publicidad seguían los hábitos de navegación web de los usuarios de Safari para enviarles publicidad. Cuatro meses después, en noviembre, la juez Susan Illston ratificó la multa, ante un recurso de un grupo defensor de los derechos de los consumidores, Consumer Watchdog, que quería aumentar la cuantía de la multa ya que estimaba que la sanción económica debería ser "mucho más severa", ya que según ellos la suma de 22,5 millones es "calderilla" para Google. Ahora que sabemos que Google procesa una gran cantidad de información, ¿Cuáles son para el buscador las señales más importantes de navegación de los usuarios?

Adaptación a dispositivos

Cuando un usuario busca una palabra clave desde su móvil o tableta, Google premia las páginas web que están adaptadas a ese dispositivo, y castiga a las que no lo están. Conforme aumenta el número de búsqueda que se realizan desde móviles – globalmente ya son más del 50%- es evidente que este factor cobra más importancia. Los sucesivos cambios en el algoritmo le van dando más importancia a este criterio. Hay que asegurarse que nuestra página web está optimizada para todos los dispositivos, especialmente para móviles.

Tasa de cliqueo

Llamada CTR por sus siglas en inglés –click through rate- la tasa de cliqueo mide el porcentaje de usuarios que entran en una determinada página web, de todos los que la ven. Una tasa de cliqueo alta es un indicador positivo para Google. Para lograrla, es importante que la meta-etiqueta descripción sea atractiva, y que la meta-etiqueta título corresponda con la intención de búsqueda del usuario.

Tasa de salida

La tasa de salida –bounce rate en inglés- indica el porcentaje de usuarios que salen de un sitio web después de visitar la página por la que entraron. No navegan por el resto de páginas. Una tasa de salida alta es un indicador de baja calidad del resultado de búsqueda. Para conseguir una tasa de salida baja hay que tener contenido de calidad, así como enlaces internos a otras páginas de interés para el usuario.

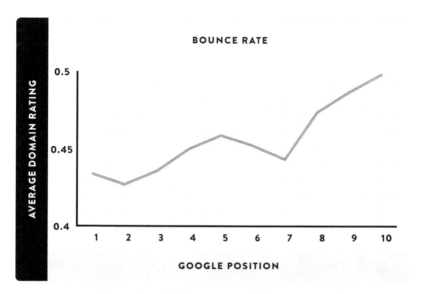

Tasa de salida -vs- Posición en Google

Permanencia en la página

Llamado "dwell time" en inglés. Google mide el tiempo que los usuarios pasan en una página web. Cuanto más, mejor. Y al contrario, una navegación muy breve le manda una señal negativa al buscador. Es necesario que la página interese al usuario, mediante contenidos de calidad. Hay datos que indican que los usuarios permanecen alrededor de 3 minutos en las páginas que aparecen en los primeros resultados.

Páginas visitadas

Cuántas más páginas visite el usuario, más interactúa. Conviene tener enlaces internos hacia páginas interesantes para el usuario.

Tasa de retorno

Si un porcentaje elevado de los usuarios vuelve a una página web, Google lo percibe como algo positivo. También es un indicador de calidad, que mejorará si ésta aumenta.

Página señalada como favorita

Si una cantidad considerable de usuarios tiene una página web como favorita es un marcador positivo para Google.

Página es la de inicio en navegador

Supone otra señal positiva, que muchos usuarios escojan una página web como su página de inicio.

Vista previa/visitas

Google permite a los usuarios ver una página web de sus resultados de búsqueda sin salir de los mismos. Es la llamada vista previa. Si un porcentaje elevado de los usuarios que ven una página después pinchan en ella, mandan una señal positiva. Lo contrario envía una señal negativa –la han visto antes y no han querido entrar.

Bloqueo de sitios web en Chrome

Google lanzó en febrero de 2011 una extensión en su navegador Chrome que permite a los usuarios bloquear sitios web. Esto emite, lógicamente, una señal negativa para todas las páginas de esos sitios web.

Velocidad de carga de la página

Google considera la velocidad de una página web como un factor de posicionamiento al menos desde abril de 2010 –cuando lo anunció en público. Seguramente desde antes, aunque parece que afecta especialmente –para mal, lógicamente- a las páginas que son muy lentas –en torno a un 1% del total. Con cada actualización del algoritmo, Google le va dando más importancia. Este criterio afecta especialmente a las páginas web que son lentas desde una búsqueda usando un dispositivo móvil, penalizándolas. Para conseguir una velocidad elevada hay que disponer de un código limpio, sin que la página pese más de la cuenta, y alojarla en un servidor con suficiente capacidad.

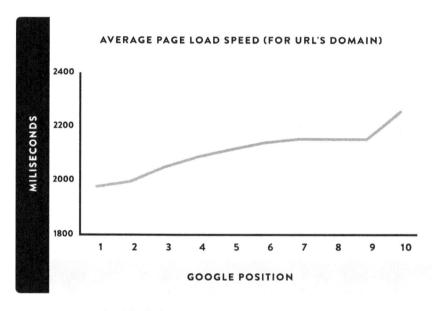

Velocidad de carga -vs- Posición en Google
Estudio realizado por Backlinko en 2016

Terminación de la búsqueda en una página

Google puede saber si el usuario ha quedado satisfecho tras visitar una página, y ha terminado su proceso de búsqueda, lo cual es una señal positiva, o si por el contrario ha entrado en otras páginas de los mismos resultados de búsquedas.

De todo esto se deduce que, como parte de una buena estrategia de SEO −optimización en buscadores- debemos optimizar también la experiencia del usuario. Si los usuarios entran con frecuencia al ver nuestras páginas web, pasan mucho tiempo en ellas, interactúan, vuelven, las escogen como favoritas, páginas de inicio, etc. entonces todo ello repercutirá positivamente en sus posiciones en las páginas de resultados de Google. Y al contrario.

Y la clave para lograr todo esto, es ofrecer en nuestra página web al usuario contenidos de calidad, relacionados con lo que está buscando. Si no lo tenemos claro, podemos ayudarnos de alguna investigación o encuesta.

- Hay que invertir en contenidos de calidad. Un contenido de baja calidad, será penalizado rápidamente por Google a través de todos estos factores. Escribe bien los textos, sin erratas, con frases claras, de forma que sean comprensibles y gusten al público objetivo de la búsqueda. Incluye fotos o videos interesantes.

- Evita enlaces internos o externos rotos, u otros errores de navegación.

- Un consejo adicional es evitar las páginas intrusivas (pop-up) que saltan o anuncios que no dejan leer correctamente el texto. Enfadan a los usuarios y perjudican el RankBrain. Todavía se usan más de lo que deberían.

- Y en cualquier caso, debemos recordar que nunca debemos tratar de engañar a los usuarios, puesto que se trata de una pésima estrategia a medio y largo plazo.

Es lógico pensar que estos factores vinculados al RankBrain afectan más a las páginas que están en la primera página de resultados, puesto que Google dispone de muchos más datos de ellas. Es decir, optimizar estos factores es necesario para estar en primera posición, pero por sí mismos no garantizan llegar a la primera página.

Consejo 18
Estructura tus datos (schema)

Ante la proliferación de información en Google, en los últimos años se ha generado la necesidad de estructurar toda esta ingente cantidad de datos. Para ello surgen los "datos estructurados", que le indican a Google de qué clase de dato se trata. Y le permite mostrarlo en los resultados de búsqueda.

Aunque existen diferentes tecnologías, los principales buscadores decidieron estandarizar estos datos a través de schema.org, que usa Microdata.

¿De qué datos estamos hablando?

Google permite estructurar los siguientes datos:

- Personas
- Reseñas
- Productos
- Recetas
- Eventos
- Contenido de video
- Organizaciones y empresas

Por ejemplo, los datos de un bufete de abogados, se representan así en el código:

```
<h1>Abogados Pérez en Madrid</h1>
<p>Abogados especializados en propiedad intelectual.</p>
<p>Paseo de la Castellana 100</p>
<p>Madrid, 28046, España</p>
<p>Teléfono 91XXXXXXX</p>
```

Si el código utiliza el formato de Microdata sería:

```
<div itemscope itemtype="http://schema.org/LocalBusiness">
<h1><span itemprop="name"> Abogados Pérez en Madrid
</span></h1>
<span itemprop="description"> Abogados especializados en
propiedad intelectual.</span>
<div    itemprop="address"    itemscope    itemtype="http://
schema.org/PostalAddress">
<span itemprop="streetAddress"> Paseo de la Castellana
100</span>
<span itemprop="addressLocality"> Madrid, 28046 </span>
,
<span itemprop="addressRegion">España</span>
</div>
Phone: <span itemprop="telephone">91XXXXXXX </span>
</div>
```

Esto permite a Google entender de qué datos se trata, y gestionarlos como tales.

¿Afecta esto al posicionamiento en Google?

En el trabajo de fin de máster (TFM) de Juan Prieto, nombrado anteriormente, podemos ver que el 36% de las páginas web en primera posición para palabras clave competitivas en el sector del juguete ya lo está usando. Si quitamos de esos resultados las páginas web de Amazon, que no lo usa por el momento, vemos que ese porcentaje sube al 69%.

No es uno de los factores más importantes, pero como ocurre con otros datos, no perjudica usarlo, puesto que ayudará a incrementar la tasa de cliqueo (CTR) en algunos casos, lo cual es una señal positiva, que mejora el RankBrain, como hemos visto anteriormente.

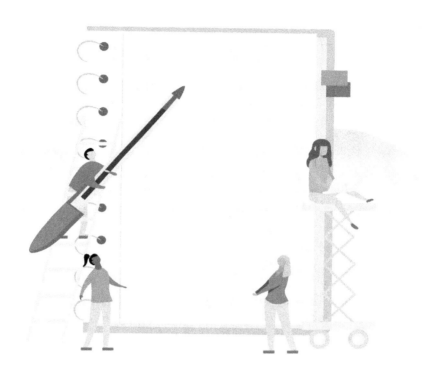

En Resumen

¿Cómo debe ser una página web ganadora en Google?

Una vez analizados los principales factores de posicionamiento en Google, vamos a resumir cómo debe ser una página web que aspire a conseguir buenos resultados para una palabra clave concreta.

Lo más importante se resumen en estos siete puntos:

1) Debería incluir la palabra clave en la meta-etiqueta título, etiqueta descripción, etiqueta alt, la url y el encabezado H1 (único).

2) Debería tener una extensión considerable de texto original, al menos 200 palabras, si son más mejor, con una densidad de esa palabra clave apropiada, en general entre el 2% y 3%, aunque dependerá del sector. Además debería tener algunos enlaces salientes a páginas fiables.

3) Debería tener un Pagerank elevado. Y para ello debería contar con una gran cantidad de enlaces entrantes hacia esa página, desde páginas relevantes, con texto ancla relacionada con la palabra clave pero variado, y siguiendo un patrón natural.

4) Debería estar alojada en un sitio web que a su vez recibe una gran cantidad de enlaces entrantes, tiene antigüedad y cuenta con un gran número de páginas indexadas en Google.

5) Le ayudará algo, en determinadas circunstancias, que su dominio coincida exactamente con la palabra clave o que la contenga.

6) Debería tener interacción en redes sociales, cuanta más mejor, especialmente en Twitter y Youtube pero también en Facebook o Instagram.

7) Debería tener un alto RankBrain, y para ello contenido de calidad, velocidad de carga elevada, estar adaptada a todos los dispositivos, etc.

Evita las penalizaciones de Google

Existe una rama del posicionamiento en buscadores, denominada "Black Hat SEO", es decir, "optimización en buscadores de sombrero negro" en español. Es la magia negra del sector.

"Hechiceros sin escrúpulos" que no tiene empacho en usar cualquier método para lograr sus fines.

Se llama así porque los malos en las películas de vaqueros suelen llevar sombrero negro, mientras que los buenos llevan "sombrero blanco" es decir, son los que practican el "White Hat SEO" el SEO bueno.

Por supuesto, también hay una zona gris, que es donde habitan los SEOs "Grey Hat", es decir de sombrero gris. Esto parece una sombrerería. Los grises son los que están en la frontera, en una zona donde no queda claro si lo que hacen es apropiado o puede infringir alguna norma de Google.

Pues bien. Realmente, el SEO negro suele acabar mal, igual que en las películas del Oeste, al malo, Google le termina volando la tapa de los sesos.

Hace unos días, justo antes de escribir estas líneas, entrevistamos a un joven para un puesto de SEO en Top Position. Venía de una agencia donde practican esta "magia negra". Nos contaba que una y otra vez, los resultados terminaban siendo malos, y que los clientes, en su mayor parte, acababan marchándose.

Los atajos "negros" en posicionamiento en buscadores salen caros, porque Google te termina pillando.

Y entonces llegan las penalizaciones.

Ante la duda de si algo es correcto o no, ponte en los zapatos de un experto de Google que lo esté revisando. ¿Le parecerá bien, mal o regular lo que estás haciendo?

Hay que saber que Google tiene dos tipos de penalizaciones. Las algorítmicas y las manuales.

En las primeras, es un robot quien te dispara. Ocurre cuando hay un cambio en el algoritmo, o bien cuando el robot de Google detecta alguna conducta inapropiada.

En las segundas, es una persona quien te dispara.

¿Cómo sabemos si Google nos ha penalizado? En el caso de las penalizaciones manuales, lo veremos en nuestro Search Console. Hay una sección específica que se llama "manual actions" dentro de "search traffic". Ahí vemos si sufrimos alguna sanción manual.

En el caso de las penalizaciones automáticas, tendremos que analizar alguna métrica relevante -de tráfico orgánico por ejemplo- para darnos cuenta.

Las penalizaciones pueden ser específicas, en cuyo caso afecta a los resultados de una sola palabra clave o conjuntos de palabras clave, o bien pueden ser genéricas, en cuyo caso afecta a todo el sitio web.

La penalización genérica más grave consiste en" desindexar" un sitio web completo del índice de Google. Esto significa, ni más ni menos, que el sitio web deja de existir para el buscador. No aparece en ningún resultado. Es la "muerte civil" de un sitio web, y lógicamente tiene consecuencias muy graves. Ha ocurrido con sitios web importantes, como, por ejemplo cuando "excomulgó" durante un tiempo el sitio web de BMW en Alemania, en 2006 (https://www.theregister.co.uk/2006/02/06/bmw_removed/, por realizar prácticas de encubrimiento "cloaking en inglés" -que consiste en mostrar páginas específicas al buscador, sobre optimizadas, que el usuario no ve.

¿Qué es lo que penaliza Google? La lista de conductas inapropiadas es larga, pero las prácticas que causan las penalizaciones más relevantes son, además del mentado cloaking:

• Dominio registrado por un spammer. Google penalizará un sitio web cuyo dominio es propiedad de una persona que anteriormente ha sido penalizada.

• Por supuesto, páginas con redirecciones engañosas o comportamientos maliciosos, como páginas que suplanten la identidad o instalen virus, troyanos u otros programas maliciosos.

• Relleno de palabras-clave. En la época inicial de Google, era común meter la palabra-clave de interés por todas partes, elevando artificialmente la densidad de la palabra clave. Si el texto está oculto o disimulado, es incluso más grave. Hace mucho que no funciona, y esta práctica genera una penalización automática por parte de Google. Para evitarla hay que escribir con naturalidad, para humanos, no para los robots de los buscadores.

• Contenido copiado, generado automáticamente o de mala calidad. El copiado lo detecta automáticamente, y como mínimo desidexa la página en cuestión -Google no quiere que aparezcan varios contenidos iguales en sus resultados de búsqueda. El de mala calidad lo puede detecta un empleado del buscador, en cuyo caso puede desindexar una página. Si es generalizado, afectará enormemente al sitio web en su conjunto. Debemos por tanto, una vez más, generar contenidos de calidad.

• Enlaces salientes desde una página ocultos, o a páginas de mala reputación. Es el Badrank que hemos explicado antes. Lo detecta automáticamente.

• Enlaces salientes no naturales. Es decir, si un empleado de

Google piensa que has vendido enlaces.

• Enlaces entrantes no naturales, no relevantes, masivos, no variados en pagerank o del mismo tipo. Google pensará que los has comprado. Ya hemos explicado que los enlaces entrantes deben ser naturales, con un crecimiento natural, variados, con pagerank distribuido de forma heterogénea. Google penaliza participar en lo que denomina "esquemas de enlaces" que enlaces generados desde sitios web de mala calidad, creados con este único propósito.

• Gran cantidad de enlaces con texto ancla idénticos. Como hemos explicado, los textos ancla deben seguir patrones naturales.

• El abuso de fragmentos enriquecidos, es decir, de datos estructurados.

Para prevenir todas estas penalizaciones debemos seguir las indicaciones de Google[9], generar contenidos de calidad, que reciban enlaces de forma natural.

---

[9] https://support.google.com/webmasters/answer/35769?hl=es-419

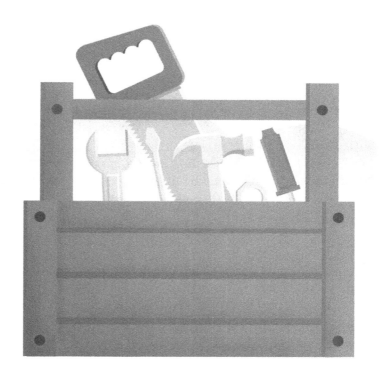

Herramientas SEO

Hay una gran cantidad de herramientas que te pueden ayudar en la gestión del posicionamiento en Google. He hecho una selección de las más relevantes.

SEOQuake.

http://www.seoquake.com/
SEOQuake instala una barra que ofrece gratis una gran cantidad de métricas, y funciona en prácticamente todos los navegadores.

Herramienta de Google para palabras clave

http://www.google.com/intl/en/adwords/
Ya hemos hablado de ella, Es gratuita, no es muy exacta, pero te da una idea del volumen de búsquedas de una palabra clave.

Google Trends.

https://trends.google.com/trends/?geo=ES
También hemos hablado de ella. Es gratis, aunque tampoco es muy exacta. Permite ver la evolución del volumen de búsquedas.

Google Page Speed Insights.

https://developers.google.com/speed/pagespeed/insights
Otra herramienta gratuita de Google, que te indica la velocidad de tu sitio web en todos los diferentes dispositivos.

Google Search Console

(antes era Webmasters Tools)
https://search.google.com/search-console/about?hl=es
De nuevo, una herramienta gratuita de Google que te ayudará a gestionar tu relación con Google. Puedes detectar y corregir problemas de indexación, sitemap, penalizaciones. Etc.

Google Analytics

https://analytics.google.com
No es el objeto de este libro, pero esta herramienta gratuita de Google te permitirá conocer, entre otras muchas cosas, algunos datos sobre el tráfico orgánico, palabras clave que lo generan, etc. Sabemos que en estos temas es inexacta, y en algunos aspectos incluso opaca.

Ubersuggest

http://ubersuggest.org/
Útil para detectar palabras clave de cola larga.

Redirect Checker.

http://www.redirect-checker.org/
Te permite saber si has realizado correctamente las redirecciones.

Creador de Schema

http://www.schema-creator.org/
Es gratuita y te permite generar automáticamente schema.org.

SEO Browser

http://seo-browser.com
Te permite ver una página web como la ve el robot de un buscador.

Semrush

https://es.semrush.com
Versión gratuita y de pago. Te permite analizar una gran cantidad de métricas relativas a enlaces, palabras clave y resultados. Es, seguramente, el líder del mercado.

Sistrix

https://www.sistrix.es/
Competidor de Semrush, es una herramienta pensada para profesionales SEO.

Moz

http://moz.com/tools
Tiene una versión gratuita y otras de pago. Un referente en el mundo del posicionamiento en buscadores.

Ahrefs

https://ahrefs.com
Reconocida herramienta para analizar volumen de tráfico orgánico, palabras clave, competidores y oportunidades

Majestic

https://majestic.com
Versión gratuita y de pago. Es una herramienta potente para analizar enlaces, palabras clave y resultados de búsquedas. También permite ver el nivel de competencia de palabras clave específicas.

Estas cinco últimas herramientas tienen versiones de pago que ofrecen todas las funcionalidades, y en gran medida se solapan entre sí, por lo que no necesitas todas, sino que te bastará, en la mayoría de los casos, una de ellas.

Reflexión Final

De regalo, una reflexión final

El efecto Google: consecuencias de su funcionamiento para la participación y democracia en Internet

Ya tenemos una buena idea de cómo funciona Google. De regalo dejo para tu reflexión un capítulo acerca de las implicaciones que su funcionamiento tiene en los debates en curso sobre Internet, participación y democracia.

Cuando hablamos de conceptos como democracia digital, la sociedad 2.0, o ciberactivismo, con frecuencia discutimos si realmente Internet refuerza la participación, redistribuye el poder a favor de los ciudadanos y permite profundizar en la democracia, o todo lo contrario.

Dentro de ese contexto, una vez que hemos desgranado cómo Google clasifica las distintas páginas web en función de cada búsqueda concreta, se abre ante nosotros un fascinante debate.

¿Promueven los resultados de Google la participación y la democracia ciudadana?

O por el contrario, ¿Refuerzan a los grandes centros de poder existentes?

Recordemos que en 2005, Joe Trippi, un dirigente político estadounidense, responsable del éxito de su entonces candidato Howard Dean en Internet, dijo que "Internet es la innovación más democratizadora que hemos visto nunca, por encima incluso de la imprenta" –narrado en la página 235 de su obra "The revolution will not be televised: democracy, the Internet and the overthrow of everything".

Varios autores, entre ellos el mismo Trippi, se han apresurado a vincular Internet con los movimientos ciudadanos que en

2011 derrocaron los regímenes dictatoriales de Túnez, Egipto y Libia, provocaron la renuncia del primer ministro de Yemen y sacudieron con fuerza los regímenes de Siria y muchos otros países árabes. En este caso, la asociación más inmediata ha sido con las redes sociales, a las que se atribuye el nexo más directo con estos movimientos ciudadanos.

De la misma forma, los orígenes del movimiento del 15M en España, y sus émulos en muchos otros países, parecen estrechamente vinculados con la red. Esa es la opinión de numerosos expertos como Ismael Peña, entrevistado al respecto, quien no duda en argüir que el movimiento no habría existido sin las redes sociales o algunos de los organizadores del 15M en Sevilla, que afirman que "El 15M nació en la red y allí permanecerá siempre[10]"

Lo mismo opina y afirma categóricamente la investigadora de medios en Internet, Eva María Ferreras Rodríguez en las conclusiones de su artículo sobre el 15M y Twitter: "podemos decir que el movimiento 15-M nació y se gestó en Internet, por tanto puede ser tomado como una muestra de ciberactivismo" (Ferreras, 2011, El Movimiento 15-M y su evolución en Twitter, Cuadernos de Comunicación e Innovación Telos, número 89, disponible en http://sociedadinformacion. fundacion.telefonica.com/seccion=1266&idioma=es_ ES&id=2011102410330001&activo=6.do#)

Por tanto, hay un consenso en atribuir a algunas parcelas de Internet, en especial a las redes sociales, alguna o mucha importancia en los movimientos ciudadanos.

Con independencia de si este papel atribuido a las redes sociales es real o exagerado, debemos preguntarnos, ¿Qué papel juegan los buscadores, en concreto Google, que es el hegemónico?

---

[10] https://www.publico.es/espana/movimiento-15m-nacio-red-y.html

Del lado de los optimistas, un autor como Steven Johnson defendía con vehemencia en su obra Emergence, the connected lives of ants, brains, cities and software (2002) que Internet, y los buscadores, funcionan siguiendo el proceso que el denomina "emergence" –emersión, emergencia o acción de emerger". En sus palabras: "como la lógica dialéctica del siglo diecinueve, la visión emergente del mundo pertenece a nuestro tiempo, moldeando nuestros hábitos y percepción del mismo".

Esta dinámica emergente, aplicada a Internet, significa que: "el papel de Internet en todo esto no tendrá que ver con su capacidad para distribuir imágenes de video de alta calidad o sonidos espectaculares. En vez de eso, Internet aportará los meta-datos que permiten a estas estructuras organizarse. Será el almacén central y el mercado de todos nuestros patrones mediados de comportamiento. Y esos patrones, en lugar de estar restringidos a Madison Avenue y TRW, estarán al alcance de los consumidores, quienes podrán crear mapas comunales de todos los datos y el entretenimiento disponibles en Internet"

La "emersión" o "emergencia" es un sistema descentralizado, que funciona desde la base, de abajo hacia arriba. En este sentido, Google, según Johnson, se limita a permitir que emerjan las opiniones y decisiones de los usuarios, que son quienes enlazan, y la parte más importante del sistema, de la misma manera que lo son las hormigas en una colonia, mientras que el buscador ejerce de "hormiga reina", quien según Johnson tiene un papel secundario –como explica en su capítulo "el mito de la hormiga reina".

Otros no son tan optimistas. En opinión de Matthew Hindman, en su obra The Myth of Digital Democracy, 2009, -el Mito de la Democracia Digital- para entender el peso de los distintos actores en Internet hay que analizar su estructura de enlaces o hipervínculos. Esta estructura sigue leyes estadísticas exponenciales, que tienden a la concentración, de forma que unos pocos sitios web terminan acaparando la inmensa mayoría de los enlaces y tráfico. Esta tendencia, además, se refuerza a sí misma, en un círculo virtuoso –o vicioso, según pensemos que el proceso es positivo o negativo. En este contexto, los buscadores en general, y Google en particular, estarían reforzando esta tendencia.

Ya antes que Hindman, Lessing había postulado, en su obra The Future of Ideas, 2001, que Internet está formado por tres capas, y que su arquitectura es cambiante, por lo que los esfuerzos de intereses comerciales o de poder por cambiarla podrían alterar su naturaleza abierta.

Y tanto Barabási y Albert, en su libro Emergence of Scaling in Random Network (1999) como Kumar en Trawling the Web for Emerging Cyber-Communities, (1999), advierten que la distribución de los enlaces en Internet no es igualitaria, ni mucho menos, sino que se concentra de forma semejante o incuso superior a la riqueza de las personas, de la misma manera que otros autores anteriores habían demostrado que esa concentración se da en campos tan diversos como el tamaño de las empresas, la economía (Krugman en Complex Landscapes in Economic Geography, 1994) o el número de contactos sexuales (Liljeros en The Web of Human Sexual Contacts, 2001).

La realidad es que unos cuantos sitios web enormes reciben un elevadísimo número de enlaces. Hindman arguye que esta distribución afecta los resultados de búsquedas en Google, además del tráfico. En sus propias palabras "En estos datos del estudio, el número de enlaces que recibe un sitio web y las visitas a ese sitio web tienen una elevada correlación, de 0,704 (el máximo sería de 1)". Por tanto, el número de enlaces que van a un sitio web pueden preceder su volumen de tráfico

Hindman y sus colaboradores no se quedan ahí. Desarrollan la teoría que ellos denominan "Googlearquía" o Googlearchy en inglés. Esta teoría defiende que "el número de enlaces hacia un sitio web es la parte más importante para determinar su visibilidad en Internet. Los sitios web que reciben más enlaces, reciben, ceteris paribus, más tráfico. En segundo lugar, podemos concluir que el dominio de un nicho o segmento es una ley general de Internet. En cada grupo o temática de Internet, hay un sitio web que recibe la mayoría de los enlaces y el tráfico. Finalmente, esta Googlearquía, "se alimenta a sí misma, de forma que se refuerza y perpetúa en el tiempo"

En otras palabras, los enlaces están concentrados en Internet, lo que hace que los sitios web que más enlaces reciben dominen los resultados de búsquedas, consigan más visibilidad y más enlaces. En ese contexto, Google reforzaría el dominio de los sitios web más potentes, puesto que da visibilidad a las páginas y sitios web que han recibido más enlaces.

En la misma línea argumental se habían pronunciado años antes Cho y Roy, en su obra Impact of Search Engines on page Popularity (2004) o impacto de los buscadores en la popularidad de una página web, donde arguían que los buscadores contribuían a la concentración de tráfico y poder en unos pocos sitios web.

Frente a estas teorías, un autor como Fortunato en The Egalitarian Effect of Search Engines (2006) —el efecto igualitario de los buscadores- postula exactamente lo contrario. Según Fortunato, los buscadores contribuyen a paliar las desigualdades de Internet, dispersan el tráfico y consiguen que se concentre menos de lo que se concentraría sin buscadores.

Otro autor del lado crítico es Alexander Havalais, quien en su libro Search Engine Society (2009) arguye que los buscadores crean ganadores y perdedores en Internet, aumentan la desigualdad y concentran el poder. En sus palabras "las clasificaciones de resultados de búsquedas existen, porque hay demanda para ellas. Sin embargo, esas clasificaciones reflejan intrínsecamente el statu quo, y puede que no sean de utilidad pública. El concepto de relevancia es enteramente subjetivo."

Por otro lado, Halavais está particularmente preocupado con el efecto cultural homogeneizante de buscadores estadounidenses como Google, que, según él, tienden a favorecer resultados de sitios web estadounidenses, puesto que son considerados de más "autoridad" por el buscador. Esta última crítica podría en teoría matizarse porque Google ha desarrollado hábilmente versiones nacionales de su buscador, que promueven –supuestamente– contenidos nacionales. Además el idioma es fundamental para los resultados de búsquedas de Google, que son en español, por ejemplo, para búsquedas en español. Parece que sí existe un sesgo a favor de sitios web estadounidenses, siempre que contengan páginas en español.

Por su parte, el autor Gideon Haigh arguye en su ensayo Information idol, how Google is making us stupid (2006) que Google entontece a fuer de cómodo, generando complacencia, al darnos un servicio fácil y rápido, del que podemos depender.

El debate is intenso y apasionante. ¿Es el sistema construido por Google una de las "técnicas autoritarias" definidas por Lewis Mumford en 1964? O por el contrario, ¿Es el buscador hegemónico una fuerza que democratiza Internet, que aumenta el número de "gente con voz"?

Selección, filtros e información

El concepto de "Gatekeeper" o en español "guardabarreras" o "portero" procede de la Teoría de Campo que en Psicología Social elaboró Kurt Lewin -en sus estudios de los años 40 del siglo pasado sobre las dinámicas interactivas en los grupos sociales.. La Teoría General de la Información (TGI) ha dado un perfil propio a este concepto.

Lewin alegaba que, en el proceso informativo o secuencia de una información a través de los canales comunicativos en un grupo, el lapso o el bloqueo de la unidad a través del canal dependen en gran medida de lo que sucede en la zona de filtro.

Las zonas de filtro son controladas por sistemas objetivos de reglas o bien por "gatekeepers" son los que tienen el poder de decidir si dejar pasar o no la información.

Estas teorías se han aplicado a la selección de noticias de prensa – la mayoría de los comunicados de agencia son eliminados-, entre otros campos. Reconocidos expertos en teoría de la información, como el catedrático Felicísimo Valbuena de la Fuente han analizado el concepto y su aplicación a la Teoría General de la Información.

Citando al profesor Valbuena, en su obra Teoría General de la Información: "El poder de "aproximar o separar", el más específicamente humano, adopta en TGI la forma de "otorgar cobertura o no otorgarla".

Pues bien, en estos albores del Siglo XXI, podemos asumir que Google, tanto en su buscador genérico de páginas web, como en su buscador especifico de noticias –Google News- ejerce funciones de "portero" de la información. Un "gatekeeper" sistémico, que cumple a rajatabla –robóticamente- las normas de su propio algoritmo.

Y a la luz de esta investigación, podemos deducir algunas de esas normas y lo que implican para la participación y la democracia.

Diversos estudios y la experiencia nos muestran que, al menos algunas de las normas del filtro sistémico de Google podrían no favorecen necesariamente la participación o la democracia y a lo peor, quizás incluso fomentan el statu quo y los poderes establecidos.

Veamos algunos de los criterios que hemos verificado a lo largo del libro.

Edad del sitio web

Como hemos visto, la edad media de los sitios web que alojan a las páginas ganadoras es muy elevada para términos de búsqueda competitivos.

Podemos decir, en rigor, que Google tiende a la "gerontocracia". Su algoritmo tiene un sesgo sistémico a favor de estructuras antiguas, ya que premia las páginas web de sitios web de edad avanzada. Se deduce, por tanto, que penaliza las páginas web alojadas en sitios web recientes, y por ende, penaliza a éstos también.

El filtro de Google, por todo ello, penaliza a aquellos portales o sitios web de poca edad. Como hemos visto, esta característica está relacionada con el hecho de que los "malos" que intentan abusar de los buscadores –llamados "spammers"- crean sitios web nuevos permanentemente, y por tanto Google tiene parte de razón en desconfiar de ellos, pero no por ello deja de tener ese criterio un potencial impacto negativo sobre la democracia o la participación.

Aplicado al mundo comercial, quiere decir que una empresa nueva, innovadora, de servicios de viajes, por ejemplo, parte en desventaja en Google frente a las empresas de viajes ya establecidas, que cuentan con sitios web antiguos. Aplicado a las campañas políticas, por ejemplo, podría significar que un partido político nuevo, que cuenta con un sitio web reciente, tendría una desventaja a la hora de aparecer en resultados de búsquedas sobre temas políticos o electorales.

Otra potencial consecuencia de ese criterio, es que favorece a aquellos que pueden comprar dominios antiguos –ya que éstos se compran y se venden. De esa manera, existe otro sesgo económico, que permite a los pudientes contar con una ventaja en Google al adquirir un dominio antiguo.

Aplicado a Google News, quiere decir que el filtro de noticias de Google favorece a los medios de comunicación ya establecidos –que cuentan con sitios web antiguos- y penaliza a los nuevos –que tiene sitios web recientes.

Por otro lado, como ya hemos visto, podemos pensar que este criterio favorece a sitios web de Estados Unidos, país donde Internet se desarrolló antes –muchos de los sitios web antiguos son estadounidenses- mientras que perjudica por ejemplo a sitios web franceses –país donde Internet se impuso tardíamente, tras imponerse sobre otras tecnologías semejantes autóctonas.

Páginas indexadas a todo el sitio web

De la misma manera, Google premia a las páginas alojadas en sitios web grandes, que cuentan con un elevado número de páginas indexadas. Este criterio tiene también su lógica, pero como el anterior, es dudoso que fomente la participación o una mayor democracia. Una empresa, institución o gobierno, tendrá recursos para desarrollar un gran número de páginas que podrán indexarse en Google. Al contrario, una asociación o grupo emergente tendrá muchas más dificultades para lograr generar contenidos e indexar un gran número de páginas.

Enlaces entrantes a todo el sitio web

Otro criterio confirmado es el número de enlaces entrantes a todo el sitio web.

Como los anteriores, los grupos dominantes –de la índole que sean- que consigan generar e indexar un gran número de páginas, partirán con ventaja a la hora de lograr un gran número de enlaces hacia el sitio web en su conjunto porque, como es fácil deducir, cuantas más páginas tengamos, más enlaces totales obtendremos.

Además, aquellos con recursos económicos para ello, podrán adquirir enlaces en un mercado que, aunque penalizado por Google, existe en diversas variantes.

Vemos por tanto que, aunque Google nunca haya reconocido oficialmente la importancia del sitio web donde se aloja una página web –dice que clasifica páginas webs individuales- éste se revela como fundamental en al menos tres de los criterios más importantes. Además tenemos que considerar que estos criterios van en aumento. La ventaja que generan crece cada día –los grandes sitios webs que dominan Internet son cada día más viejos, reciben más enlaces y contienen más páginas.

A priori, esto no fomenta la participación ni la democracia. Posiblemente todo lo contrario. Sin embargo, es justo traer a colación una posible excepción: la Wikipedia.

Llama la atención el elevado número de páginas web "ganadoras" que pertenecen a la Wikipedia. Con frecuencia, las páginas web de la Wikipedia logran primeras posiciones cuando la palabra clave es un nombre común o propio –países, ciudades, famosos. Ya hemos visto por qué a Google le gusta tanto la Wikipedia. Se debe al enorme número de páginas indexadas y al ingente número de enlaces entrantes al sitio web en general, además de la avanzada edad del sitio web -el sitio web general, Wikipedia. org tiene una antigüedad de más de 18 años. Por todo ello, estar alojado en la Wikipedia le da a cualquier página web una gran ventaja. Además, las páginas web de la Wikipedia adaptan su etiqueta título a cada definición, cuentan con un elevado número de enlaces internos y salientes. Estas páginas web alojadas en la Wikipedia suelen recibir ellas mismas un elevado número de enlaces entrantes.

A priori, la Wikipedia es un sitio web participativo, donde

distintas personas contribuyen y escriben nuevos artículos o editan los ya existentes. Esto es positivo y refuerza la tesis de una Internet abierta y participativa. Sin embargo, debe matizarse, puesto que la palabra final de las modificaciones que pueda realizar un particular a las entradas de la Wikipedia la tiene un escogido número de editores –los wikipedistas- que no son necesariamente objetivos, sino personas de carne y hueso, que tienen y hacen valer sus opiniones –por ejemplo políticas. Es lógico pensar que las personas que más interés tienen en escribir, comentar y moderar artículos políticos tienen sus propias opiniones y sesgos al respecto, y abundan las críticas, por ejemplo en Estados Unidos, que alegan que la Wikipedia tiene un sesgo hacia la izquierda en lo político.

Por otro lado, ¿qué pasaría si un medio de comunicación o una persona compraran la Wikipedia, algo teóricamente posible?

Enlaces entrantes a la página web

Frente a estos tres criterios estructurales, que atañen al sitio web en su conjunto, y que, como hemos visto, favorecen a priori a los sitios web grandes y con recursos, existe un criterio que sí podría, al menos en teoría, aumentar la democracia y la participación en los resultados de búsquedas. Se trata del número de enlaces entrantes que reciben la página web individual. En efecto, este criterio permitiría a un gran número de "jugadores" en Internet enlazar a una página, y a través de todos estos "votos" elevar a la página web hasta las alturas de Google. De esa manera, teóricamente –recordemos que ese era el origen del algoritmo de Google- una página web aclamada por el público podría llegar a emerger o destacar.

Aquí podemos encontrar un insterticio, un hueco democrático y participativo que justifique el optimismo de muchos expertos o supuestos expertos. Cuanto más peso tenga este criterio, más válido será el concepto de Johnson de la "emersión" o "emergencia", comentado anteriormente.

Sin embargo, observamos que este criterio va perdiendo peso, mientras que los factores estructurales lo ganan. Parece que cada vez más, Google escoge estructuralmente —a través de criterios del sitio web general- cuáles son las páginas web ganadoras. La cautela es obligada.

Finalmente, hay otro factor que incide en los resultados de Google. Se trata de los servicios de consultoria especializada en mejorar las posiciones. Google insiste en decir que no afectan en nada a sus resultados de búsquedas. Nos consta que, una vez más, el buscador no dice toda la verdad.